清代雄安职官年表 2

魏国栋　梁松涛　编

北京燕山出版社

第二册

清代新安职官年表

职官	人名	籍贯	出身	出处及在职时间
知县	宋从心	杞县	举人	《乾隆新安县志》顺治元年
典史	林维祯			《乾隆新安县志》顺治元年
知县	董景秀	义州人	生员	《乾隆新安县志》顺治二年
知县	王公伍	祥符人	岁贡	《乾隆新安县志》顺治三年
教谕	颜敏	顺天人	举人	《乾隆新安县志》顺治三年
知县	王家祯	淮安人	进士	《乾隆新安县志》顺治四年
训导	魏之璠	抚宁人		《乾隆新安县志》顺治四年
知县	刘瑜	辽阳人	贡士	《乾隆新安县志》顺治五年
教谕	卢裕楫	三河人	举人	《乾隆新安县志》顺治七年

职官	人名	籍贯	出身	出处及在职时间
训导	朱会昌	顺天人	岁贡	《乾隆新安县志》顺治八年
知县	陈世祥	江南通州人	进士	《乾隆新安县志》顺治九年
典史	徐重光	江口长洲人		《乾隆新安县志》顺治十二年
训导	陈元阳	苏州人	岁贡	《乾隆新安县志》顺治十四年
典史	朱正志	浙江萧山人		《乾隆新安县志》顺治十四年
教谕	刘一鹏	临城人	岁贡	《乾隆新安县志》顺治十六年
典史	梁腾虹	山西长治人	吏员	《乾隆新安县志》顺治十六年
训导	李士琳	鸡泽人	岁贡	《乾隆新安县志》顺治十八年
教谕	章尚志	宁晋籍南马人	举人	《乾隆新安县志》顺治年间

职官	人名	籍贯	出身	出处及在职时间
知县	程宪文	山东宁阳人	岁贡	《乾隆新安县志》顺治年间
知县	许国翰	山西绛县人	副榜贡士	《乾隆新安县志》顺治年间
知县	张四维	辽东人	官生	《乾隆新安县志》康熙三年
训导	王 显	真定人	岁贡	《乾隆新安县志》康熙四年
知县	刘翔圣	介休人	进士	《乾隆新安县志》康熙七年
知县	吴 洪	乌程人	进士	《乾隆新安县志》康熙九年
知县	陈封扬	广东□宁人		《乾隆新安县志》康熙十一年
典史	茅世泰	浙江山阴县人	吏员	《乾隆新安县志》康熙十二年
教谕	高 霁	深州人	岁贡	《乾隆新安县志》康熙十六年

职官	人名	籍贯	出身	出处及在职时间
知县	夏祚焕	益州人		《乾隆新安县志》康熙十八年
训导	曾继儒	滦州人	岁贡	《乾隆新安县志》康熙十八年
知县	金相玉	江南人	进士	《乾隆新安县志》康熙十九年
知县	董鼎	江南人	荫生	《乾隆新安县志》康熙二十二年
知县	杨一蠡	湖广人	举人	《乾隆新安县志》康熙二十四年
知县	侯殿国	陕西人	荫生	《乾隆新安县志》康熙二十八年
知县	孔尚铣	山东曲阜人		《乾隆新安县志》康熙三十七年
知县	熊开楚	湖广人	进士	《乾隆新安县志》康熙三十七年
知县	李先立	四川人	进士	《乾隆新安县志》康熙三十九年

职官	人名	籍贯	出身	出处及在职时间
县丞	屠墉	浙江人	监生	《乾隆新安县志》康熙四十六年
知县	陈受涟	江西人	贡士	《乾隆新安县志》康熙四十七年
县丞	刘清标	汉军		《乾隆新安县志》康熙五十年
县丞	张洪	福建人		《乾隆新安县志》康熙五十年
知县	武承谟	山西人	进士	《乾隆新安县志》康熙五十二年
知县	蒋元度	广西全州人	举人	《乾隆新安县志》康熙五十八年
知县	陆士雪	湖广人	举人	《乾隆新安县志》康熙五十九年
知县	蒋琏	河南人	贡士	《乾隆新安县志》康熙年间
县丞	赵元	山西人	例监	《乾隆新安县志》康熙年间

职官	人名	籍贯	出身	出处及在职时间
县丞	俞帝臣	山东人	贡生	《乾隆新安县志》康熙年间
县丞	梁国正	广东人		《乾隆新安县志》康熙年间
县丞	耿起凤	汉军		《乾隆新安县志》康熙年间
教谕	王愿庶	邢台人		《乾隆新安县志》康熙年间
教谕	陈文瓛	新城人	举人	《乾隆新安县志》康熙年间
教谕	郝孔曜	宣化府人	拔贡	《乾隆新安县志》康熙年间
教谕	张时华	沧州人	举人	《乾隆新安县志》康熙年间
教谕	霍绍曾	灵寿人	举人	《乾隆新安县志》康熙年间
教谕	梁允庄	真定人	贡生	《乾隆新安县志》康熙年间

职官	人名	籍贯	出身	出处及在职时间
教谕	张浡	天津人	贡生	《乾隆新安县志》康熙年间
教谕	马端	广平人	拔贡	《乾隆新安县志》康熙年间
教谕	张有异	宛平人	贡生	《乾隆新安县志》康熙年间
教谕	钱青	永平人	贡生	《乾隆新安县志》康熙年间
教谕	李笃	抚宁人	拔贡	《乾隆新安县志》康熙年间
教谕	杜元征	怀柔人	拔贡	《乾隆新安县志》康熙年间
知县	张佺枝	河南人	进士	《乾隆新安县志》雍正元年
典史	张应魁	陕西人		《乾隆新安县志》雍正二年
知县	王世祐	湖广人	举人	《乾隆新安县志》雍正四年

职官	人名	籍贯	出身	出处及在职时间
知县	周 琯	云南人	举人	《乾隆新安县志》雍正四年
典史	章延年	浙江人		《乾隆新安县志》雍正四年
知县	林廷璧	福建人	举人	《乾隆新安县志》雍正六年
知县	许自召	江南人	贡士	《乾隆新安县志》雍正六年
典史	范 铨	江南人		《乾隆新安县志》雍正七年
知县	杨龙文	山东人	例监	《乾隆新安县志》雍正十三年
典史	卢弘亮	江南人		《乾隆新安县志》雍正十三年
典史	王懋华	绍兴人		《乾隆新安县志》乾隆四年
县丞	佟国楷	汉军	监生	《乾隆新安县志》乾隆五年

职官	人名	籍贯	出身	出处及在职时间
典史	陶宗望	绍兴人		《乾隆新安县志》乾隆六年
知县	吴 铨	江宁人		《乾隆新安县志》乾隆六年
知县	孙孝芬	山西人	进士	《乾隆新安县志》乾隆七年
训导	石闻声	易州人		《乾隆新安县志》乾隆八年
知县	甘汝来	江西人	进士	《乾隆新安县志》
典史	王隆基			《乾隆新安县志》
典史	盛王佐			《乾隆新安县志》
典史	兰国桢	山东人		《乾隆新安县志》
典史	牛则弘	陕西人		《乾隆新安县志》

职官	人名	籍贯	出身	出处及在职时间
典史	刘 琦	河南人		《乾隆新安县志》
典史	陈裕国	陕西人		《乾隆新安县志》
训导	孙 楫	河间人		《乾隆新安县志》
训导	高 临	河间人		《乾隆新安县志》
训导	王怀琦	武强人		《乾隆新安县志》
训导	孙兆增	宣化府人		《乾隆新安县志》
训导	陈蕴新	宣化府人		《乾隆新安县志》
训导	温 溶	晋州人		《乾隆新安县志》
训导	张有昇	开州人		《乾隆新安县志》

职官	人名	籍贯	出身	出处及在职时间
训导	苏继世	平乡人		《乾隆新安县志》
训导	郭廷秀	宣化府人		《乾隆新安县志》
训导	张　遂	巨鹿人		《乾隆新安县志》
知县加一级	吕宏积	安徽人	拔贡	《缙绅新书》乾隆十三年春
管河县丞		江苏武进人	例监	《缙绅新书》乾隆十三年春
复设教谕	刘　绍	任县人	拔贡	《缙绅新书》乾隆十三年春
训导	石闻声	易州人	岁贡	《缙绅新书》乾隆十三年春
典史加一级	郭开极	浙江人		《缙绅新书》乾隆十三年春
知县	胡大衍	浙江山阴人	举人	《缙绅全本》乾隆二十五年冬

职官	人名	籍贯	出身	出处及在职时间
知县管县丞事	陈 诗	浙江海宁人		《缙绅全本》乾隆二十五年冬
复设教谕	顾 旭	承德人	拔贡	《缙绅全本》乾隆二十五年冬
训导	张廷钰	青县人	岁贡	《缙绅全本》乾隆二十五年冬
典史加一级	张士熠	浙江人		《缙绅全本》乾隆二十五年冬
知县	胡大衍	浙江山阴人	举人	《缙绅全本》乾隆二十六年秋
知县管县丞事	陈 诗	浙江海宁人		《缙绅全本》乾隆二十六年秋
复设教谕	顾 旭	承德人	拔贡	《缙绅全本》乾隆二十六年秋
训导	张廷钰	青县人	岁贡	《缙绅全本》乾隆二十六年秋
典史加一级	张士熠	浙江人		《缙绅全本》乾隆二十六年秋

职官	人名	籍贯	出身	出处及在职时间
知县加一级	甄克允	山西平定人	举人	《缙绅全书》乾隆三十年春
县丞	盛　宁	江苏元和人	监生	《缙绅全书》乾隆三十年春
复设教谕	顾　旭	承德人	拔贡	《缙绅全书》乾隆三十年春
训导	薛　合	西宁人	岁贡	《缙绅全书》乾隆三十年春
典史	张士熠	浙江人		《缙绅全书》乾隆三十年春
知县加一级	甄克允	山西平定人	举人	《爵秩全本》乾隆三十年冬
州判管县丞事	盛　宁	江苏元和人	监生	《爵秩全本》乾隆三十年冬
复设教谕	顾　旭	承德人	拔贡	《爵秩全本》乾隆三十年冬
训导	薛　合	西宁人	岁贡	《爵秩全本》乾隆三十年冬

职官	人名	籍贯	出身	出处及在职时间
典史加一级	张士熠	浙江人		《爵秩全本》乾隆三十年冬
知县加一级	李 赐	山东人		《爵秩全本》乾隆三十三年秋
管河县丞	方鹤阜	安徽人	监生	《爵秩全本》乾隆三十三年秋
复设教谕	李维楫	怀来人	拔贡	《爵秩全本》乾隆三十三年秋
训导	李 琦	锦县人	岁贡	《爵秩全本》乾隆三十三年秋
典史加一级	张士熠	浙江人		《爵秩全本》乾隆三十三年秋
知县加三级	申发祥	浙江钱塘人	副榜	《缙绅全书》《中枢备览》乾隆四十二年秋
管河县丞	张兆旭	江苏江都人	监生	《缙绅全书》《中枢备览》乾隆四十二年秋
复设教谕	张 鹤	庆云人	举人	《缙绅全书》《中枢备览》乾隆四十二年秋

职官	人名	籍贯	出身	出处及在职时间
训导	曹昌宇	河间人	举人	《缙绅全书》《中枢备览》乾隆四十二年秋
典史	崔 麟	四川华阳人	监生	《缙绅全书》《中枢备览》乾隆四十二年秋
知县加一级	曾 汾	江西南昌人	监生	《缙绅全书》《中枢备览》乾隆五十三年春
管河县丞	张大儒	四川人		《缙绅全书》《中枢备览》乾隆五十三年春
复设教谕	憨意诚	长恒人	拔贡	《缙绅全书》《中枢备览》乾隆五十三年春
训导	曹昌宇	河间人	举人	《缙绅全书》《中枢备览》乾隆五十三年春
典史	盛宜楷	江苏人	监生	《缙绅全书》《中枢备览》乾隆五十三年春
知县加一级	金德辉	江苏震泽人		《缙绅全书》嘉庆元年春
复设教谕	佟 鋆	汉军正黄旗人	副榜	《缙绅全书》嘉庆元年春

职官	人名	籍贯	出身	出处及在职时间
管河县丞	吴士泓	江苏元和人	监生	《缙绅全书》嘉庆元年春
训导	赵崇暇	天津人	举人	《缙绅全书》嘉庆元年春
典史	刘承链	江西长宁人	监生	《缙绅全书》嘉庆元年春
知县加一级		江苏震泽人		《缙绅全书》嘉庆二年冬
复设教谕	佟 鋈	汉军正黄旗人	副榜	《缙绅全书》嘉庆二年冬
管河县丞	张进忠	山西汾阳人	监生	《缙绅全书》嘉庆二年冬
训导	赵崇暇	天津人	举人	《缙绅全书》嘉庆二年冬
典史	王文淑	江苏吴县人	监生	《缙绅全书》嘉庆二年冬
知县	曾 琬	福建建宁人	举人	《缙绅全书》嘉庆三年秋

职官	人名	籍贯	出身	出处及在职时间
复设教谕	佟鋆	汉军正黄旗人	副榜	《缙绅全书》嘉庆三年秋
管河县丞	张进忠	山西汾阳人	监生	《缙绅全书》嘉庆三年秋
训导	赵崇暇	天津人	举人	《缙绅全书》嘉庆三年秋
典史	王文溆	江苏吴县人	监生	《缙绅全书》嘉庆三年秋
知县加一级	曾琬	福建建宁人	举人	《缙绅全书》嘉庆三年冬
复设教谕	佟鋆	汉军正黄旗人	副榜	《缙绅全书》嘉庆三年冬
管河县丞	张进忠	山西汾阳人	监生	《缙绅全书》嘉庆三年冬
训导	赵崇暇	天津人	举人	《缙绅全书》嘉庆三年冬
典史	王文溆	江苏吴县人	监生	《缙绅全书》嘉庆三年冬

职官	人名	籍贯	出身	出处及在职时间
知县加一级	曾琬	福建建宁人	举人	《缙绅全书》嘉庆五年冬
复设教谕	佟鎏	汉军正黄旗人	副榜	《缙绅全书》嘉庆五年冬
管河县丞	张进忠	山西汾阳人	监生	《缙绅全书》嘉庆五年冬
训导	张培	遵化州人	举人	《缙绅全书》嘉庆五年冬
典史	王文淑	江苏吴县人	监生	《缙绅全书》嘉庆五年冬
知县加一级	杜群玉	江苏新阳人	举人	《缙绅全书》嘉庆九年春
复设教谕	佟鎏	汉军正黄旗人	副榜	《缙绅全书》嘉庆九年春
管河县丞	刘师良	浙江钱塘人		《缙绅全书》嘉庆九年春
训导	张培	遵化州人	举人	《缙绅全书》嘉庆九年春

职官	人名	籍贯	出身	出处及在职时间
典史	韦溶	江苏上元人	监生	《缙绅全书》嘉庆九年春
知县加一级	侯宗秩	四川德阳人		《缙绅全书》《中枢备览》嘉庆十一年春
复设教谕	憨意诚	大名人	拔贡	《缙绅全书》《中枢备览》嘉庆十一年春
管河县丞	刘师良	浙江钱塘人		《缙绅全书》《中枢备览》嘉庆十一年春
训导	张培	遵化州人	举人	《缙绅全书》《中枢备览》嘉庆十一年春
典史	韦溶	江苏上元人	监生	《缙绅全书》《中枢备览》嘉庆十一年春
知县	侯宗秩	四川德阳人		《缙绅全书》嘉庆十一年夏
复设教谕	憨意诚	大名人	拔贡	《缙绅全书》嘉庆十一年夏《缙绅全书》《中枢备览》乾隆五十三年春载其籍贯为长恒人
管河县丞	刘师良	浙江钱塘人		《缙绅全书》嘉庆十一年夏

职官	人名	籍贯	出身	出处及在职时间
训导	张 培	遵化州人	举人	《缙绅全书》嘉庆十一年夏
典史	韦 溶	江苏上元人	监生	《缙绅全书》嘉庆十一年夏
知县加一级	杨岳东	山东宁海人	进士	《缙绅全书》嘉庆十七年秋
复设教谕	李 蕴	河间人	拔贡	《缙绅全书》嘉庆十七年秋
管河县丞	汪观送	江苏砀山人	附贡	《缙绅全书》嘉庆十七年秋
训导	张 培	遵化州人	举人	《缙绅全书》嘉庆十七年秋
典史	韦 溶	江苏上元人	监生	《缙绅全书》嘉庆十七年秋
知县加一级	白明义	奉天承德人		《缙绅全书》嘉庆二十一年冬
管河县丞	张 藻	江苏睢宁人	监生	《缙绅全书》嘉庆二十一年冬

职官	人名	籍贯	出身	出处及在职时间
复设教谕	卢殿选	汉军正黄旗人	举人	《缙绅全书》嘉庆二十一年冬
训导	张培	遵化州人	举人	《缙绅全书》嘉庆二十一年冬
典史	周佩荪	江西南城人	监生	《缙绅全书》嘉庆二十一年冬
知县加一级	李重发	云南鹤庆人		《缙绅全书》嘉庆二十二年春
管河县丞	汪观送	江苏砀山人	附贡	《缙绅全书》嘉庆二十二年春
复设教谕	熊佩之	宛平籍湖北人	举人	《缙绅全书》嘉庆二十二年春
训导	张培	遵化州人	举人	《缙绅全书》嘉庆二十二年春
典史	韦溶	江苏上元人	监生	《缙绅全书》嘉庆二十二年春

职官	人名	籍贯	出身	出处及在职时间
管河县丞	汪观送	江苏砀山人	附贡	《缙绅全书》（大）、《缙绅全书》（小）嘉庆二十二年冬
复设教谕	卢殿选	汉军正黄旗人	举人	《缙绅全书》（大）、《缙绅全书》（小）嘉庆二十二年冬
训导	张 培	遵化州人	举人	《缙绅全书》（大）、《缙绅全书》（小）嘉庆二十二年冬
典史	周佩荪	江西南城人	监生	《缙绅全书》（大）、《缙绅全书》（小）嘉庆二十二年冬
知县加一级	李重发	云南鹤庆人		《缙绅全书》（小）嘉庆二十二年冬
知县加一级	白明义	奉天承德人		《缙绅全书》嘉庆二十五年夏
管河县丞	张 藻	江苏睢宁人	监生	《缙绅全书》嘉庆二十五年夏
复设教谕	卢殿选	汉军正黄旗人	举人	《缙绅全书》嘉庆二十五年夏
训导	张 培	遵化州人	举人	《缙绅全书》嘉庆二十五年夏

职官	人名	籍贯	出身	出处及在职时间
典史	周佩荪	江西南城人	监生	《缙绅全书》嘉庆二十五年夏
知县加一级	全廷钺	广西灵川人		《缙绅全书》《中枢备览》道光四年夏
管河县丞	张藻	江苏睢宁人	监生	《缙绅全书》《中枢备览》道光四年夏
复设教谕	卢殿选	汉军正黄旗人	举人	《缙绅全书》《中枢备览》道光四年夏
训导	张培	遵化州人	举人	《缙绅全书》《中枢备览》道光四年夏
典史	周萧霖	江西南城人	监生	《缙绅全书》《中枢备览》道光四年夏
知县	全廷钺	广西灵川人	举人	《缙绅全书》道光四年夏
管河县丞	张藻	江苏睢宁人	监生	《缙绅全书》道光四年夏
复设教谕	卢殿选	汉军正黄旗人	举人	《缙绅全书》道光四年夏

职官	人名	籍贯	出身	出处及在职时间
训导	张 培	遵化州人	举人	《缙绅全书》道光四年夏
典史	周萧霖	江西南城人	监生	《缙绅全书》道光四年夏
知县	全廷钺	广西灵川人	举人	《爵秩全览》道光六年秋
管河县丞	张 藻	江苏睢宁人	监生	《爵秩全览》道光六年秋
复设教谕	卢殿选	汉军正黄旗人	举人	《爵秩全览》道光六年秋
训导	徐凤举	奉天人	岁贡	《爵秩全览》道光六年秋
典史	刘秉初	江西新淦人	监生	《爵秩全览》道光六年秋
知县加一级	全廷钺	广西人		《缙绅全书》道光七年春
管河县丞	张 □			《缙绅全书》道光七年春

职官	人名	籍贯	出身	出处及在职时间
复设教谕			举人	《缙绅全书》道光七年春
训导	徐凤举	奉天人	岁贡	《缙绅全书》道光七年春
典史	刘秉初	江西新淦人	监生	《缙绅全书》道光七年春
知县加一级	洪德元	广东遂溪人	拔贡	《缙绅全书》道光十年冬
管河县丞	沈 泰	江苏人	监生	《缙绅全书》道光十年冬
复设教谕	王宣龄	昌平州人	孝廉	《缙绅全书》道光十年冬
训导	徐凤举	奉天人	岁贡	《缙绅全书》道光十年冬
典史	刘秉初	江西新淦人	监生	《缙绅全书》道光十年冬

清代新安职官类表

州判管县丞事

职官	人名	籍贯	出身	出处及在职时间
州判管县丞事	盛　宁	江苏元和人	监生	《爵秩全本》乾隆三十年冬

知县加一级

职官	人名	籍贯	出身	出处及在职时间
知县加一级	吕宏积	安徽人	拔贡	《缙绅新书》乾隆十三年春
知县加一级	甄克允	山西平定人	举人	《缙绅全书》乾隆三十年春
知县加一级	甄克允	山西平定人	举人	《爵秩全本》乾隆三十年冬
知县加一级	李　赐	山东人		《爵秩全本》乾隆三十三年秋

职官	人名	籍贯	出身	出处及在职时间
知县加一级	曾 汾	江西南昌人	监生	《缙绅全书》《中枢备览》 乾隆五十三年春
知县加一级	金德辉	江苏震泽人		《缙绅全书》嘉庆元年春
知县加一级		江苏震泽人		《缙绅全书》嘉庆二年冬
知县加一级	曾 琬	福建建宁人	举人	《缙绅全书》嘉庆三年冬
知县加一级	曾 琬	福建建宁人	举人	《缙绅全书》嘉庆五年冬
知县加一级	杜群玉	江苏新阳人	举人	《缙绅全书》嘉庆九年春
知县加一级	侯宗秩	四川德阳人		《缙绅全书》《中枢备览》嘉庆十一年春
知县加一级	杨岳东	山东宁海人	进士	《缙绅全书》嘉庆十七年秋
知县加一级	白明义	奉天承德人		《缙绅全书》嘉庆二十一年冬

职官	人名	籍贯	出身	出处及在职时间
知县加一级	李重发	云南鹤庆人		《缙绅全书》嘉庆二十二年春
知县加一级	李重发	云南鹤庆人		《缙绅全书》（小）嘉庆二十二年冬
知县加一级	白明义	奉天承德人		《缙绅全书》嘉庆二十五年夏
知县加一级	全廷钺	广西灵川人		《缙绅全书》《中枢备览》道光四年夏
知县加一级	全廷钺	广西人		《缙绅全书》道光七年春
知县加一级	洪德元	广东遂溪人	拔贡	《缙绅全书》道光十年冬

知县加三级

职官	人名	籍贯	出身	出处及在职时间
知县加三级	申发祥	浙江钱塘人	副榜	《缙绅全书》《中枢备览》乾隆四十二年秋

知县管县丞事

职官	人名	籍贯	出身	出处及在职时间
知县管县丞事	陈　诗	浙江海宁人		《缙绅全本》乾隆二十五年冬
知县管县丞事	陈　诗	浙江海宁人		《缙绅全本》乾隆二十六年秋

知　县

职官	人名	籍贯	出身	出处及在职时间
知县	宋从心	杞县人	举人	《乾隆新安县志》顺治元年
知县	董景秀	义州人	生员	《乾隆新安县志》顺治二年
知县	王公伍	祥符人	岁贡	《乾隆新安县志》顺治三年

职官	人名	籍贯	出身	出处及在职时间
知县	王家祯	淮安人	进士	《乾隆新安县志》顺治四年
知县	刘 瑜	辽阳人	贡士	《乾隆新安县志》顺治五年
知县	陈世祥	江南通州人	进士	《乾隆新安县志》顺治九年
知县	程宪文	山东宁阳人	岁贡	《乾隆新安县志》顺治年间
知县	许国翰	山西绛县人	副榜贡士	《乾隆新安县志》顺治年间
知县	张四维	辽东人	官生	《乾隆新安县志》康熙三年
知县	刘翔圣	介休人	进士	《乾隆新安县志》康熙七年
知县	吴 洪	乌程人	进士	《乾隆新安县志》康熙九年
知县	陈封扬	广东□宁人		《乾隆新安县志》康熙十一年

职官	人名	籍贯	出身	出处及在职时间
知县	夏祚焕	益州人		《乾隆新安县志》康熙十八年
知县	金相玉	江南人	进士	《乾隆新安县志》康熙十九年
知县	董鼎	江南人	荫生	《乾隆新安县志》康熙二十二年
知县	杨一矞	湖广人	举人	《乾隆新安县志》康熙二十四年
知县	侯殿国	陕西人	荫生	《乾隆新安县志》康熙二十八年
知县	孔尚铣	山东曲阜人		《乾隆新安县志》康熙三十七年
知县	熊开楚	湖广人	进士	《乾隆新安县志》康熙三十七年
知县	李先立	四川人	进士	《乾隆新安县志》康熙三十九年
知县	陈受涟	江西人	贡士	《乾隆新安县志》康熙四十七年

职官	人名	籍贯	出身	出处及在职时间
知县	武承谟	山西人	进士	《乾隆新安县志》康熙五十二年
知县	蒋元度	广西全州人	举人	《乾隆新安县志》康熙五十八年
知县	陆士雪	湖广人	举人	《乾隆新安县志》康熙五十九年
知县	蒋琏	河南人	贡士	《乾隆新安县志》康熙年间
知县	张伦枝	河南人	进士	《乾隆新安县志》雍正元年
知县	王世祐	湖广人	举人	《乾隆新安县志》雍正四年
知县	周琯	云南人	举人	《乾隆新安县志》雍正四年
知县	林廷壁	福建人	举人	《乾隆新安县志》雍正六年
知县	许自召	江南人	贡士	《乾隆新安县志》雍正六年

职官	人名	籍贯	出身	出处及在职时间
知县	杨龙文	山东人	例监	《乾隆新安县志》雍正十三年
知县	吴铨	江宁人		《乾隆新安县志》乾隆六年
知县	孙孝芬	山西人	进士	《乾隆新安县志》乾隆七年
知县	甘汝来	江西人	进士	《乾隆新安县志》
知县	胡大衍	浙江山阴人	举人	《缙绅全本》乾隆二十五年冬
知县	胡大衍	浙江山阴人	举人	《缙绅全本》乾隆二十六年秋
知县	曾琬	福建建宁人	举人	《缙绅全书》嘉庆三年秋
知县	侯宗秩	四川德阳人		《缙绅全书》嘉庆十一年夏

职官	人名	籍贯	出身	出处及在职时间
知县	全廷钺	广西灵川人	举人	《缙绅全书》道光四年夏
知县	全廷钺	广西灵川人	举人	《爵秩全览》道光六年秋

训　导

职官	人名	籍贯	出身	出处及在职时间
训导	魏之璠	抚宁人		《乾隆新安县志》顺治四年
训导	朱会昌	顺天人	岁贡	《乾隆新安县志》顺治八年
训导	陈元阳	苏州人	岁贡	《乾隆新安县志》顺治十四年
训导	李士琳	鸡泽人	岁贡	《乾隆新安县志》顺治十八年
训导	王显	真定人	岁贡	《乾隆新安县志》康熙四年

职官	人名	籍贯	出身	出处及在职时间
训导	曾继儒	滦州人	岁贡	《乾隆新安县志》康熙十八年
训导	石闻声	易州人		《乾隆新安县志》乾隆八年
训导	孙楫	河间人		《乾隆新安县志》
训导	高临	河间人		《乾隆新安县志》
训导	王怀琦	武强人		《乾隆新安县志》
训导	孙兆增	宣化府人		《乾隆新安县志》
训导	陈蕴新	宣化府人		《乾隆新安县志》
训导	温溶	晋州人		《乾隆新安县志》
训导	张有昇	开州人		《乾隆新安县志》

职官	人名	籍贯	出身	出处及在职时间
训导	苏继世	平乡人		《乾隆新安县志》
训导	郭廷秀	宣化府人		《乾隆新安县志》
训导	张遂	巨鹿人		《乾隆新安县志》
训导	石闻声	易州人	岁贡	《缙绅新书》乾隆十三年春
训导	张廷钰	青县人	岁贡	《缙绅全本》乾隆二十五年冬
训导	张廷钰	青县人	岁贡	《缙绅全本》乾隆二十六年秋
训导	薛合	西宁人	岁贡	《缙绅全书》乾隆三十年春
训导	薛合	西宁人	岁贡	《爵秩全本》乾隆三十年冬
训导	李琦	锦县人	岁贡	《爵秩全本》乾隆三十三年秋

职官	人名	籍贯	出身	出处及在职时间
训导	曹昌宇	河间人	举人	《缙绅全书》《中枢备览》乾隆四十二年秋
训导	曹昌宇	河间人	举人	《缙绅全书》《中枢备览》乾隆五十三年春
训导	赵崇暇	天津人	举人	《缙绅全书》嘉庆元年春
训导	赵崇暇	天津人	举人	《缙绅全书》嘉庆二年冬
训导	赵崇暇	天津人	举人	《缙绅全书》嘉庆三年秋
训导	赵崇暇	天津人	举人	《缙绅全书》嘉庆三年冬
训导	张培	遵化州人	举人	《缙绅全书》嘉庆五年冬
训导	张培	遵化州人	举人	《缙绅全书》嘉庆九年春
训导	张培	遵化州人	举人	《缙绅全书》《中枢备览》嘉庆十一年春

职官	人名	籍贯	出身	出处及在职时间
训导	张　培	遵化州人	举人	《缙绅全书》嘉庆十一年夏
训导	张　培	遵化州人	举人	《缙绅全书》嘉庆十七年秋
训导	张　培	遵化州人	举人	《缙绅全书》嘉庆二十一年冬
训导	张　培	遵化州人	举人	《缙绅全书》嘉庆二十二年春
训导	张　培	遵化州人	举人	《缙绅全书》（大）、《缙绅全书》（小）嘉庆二十二年冬
训导	张　培	遵化州人	举人	《缙绅全书》嘉庆二十五年夏
训导	张　培	遵化州人	举人	《缙绅全书》《中枢备览》道光四年夏
训导	张　培	遵化州人	举人	《缙绅全书》道光四年夏
训导	徐凤举	奉天人	岁贡	《爵秩全览》道光六年秋

职官	人名	籍贯	出身	出处及在职时间
训导	徐凤举	奉天人	岁贡	《缙绅全书》道光七年春
训导	徐凤举	奉天人	岁贡	《缙绅全书》道光十年冬

县　丞

职官	人名	籍贯	出身	出处及在职时间
县丞	屠墉	浙江人	监生	《乾隆新安县志》康熙四十六年
县丞	刘清标	汉军		《乾隆新安县志》康熙五十年
县丞	张洪	福建人		《乾隆新安县志》康熙五十年
县丞	赵元	山西人	例监	《乾隆新安县志》康熙年间
县丞	俞帝臣	山东人	贡生	《乾隆新安县志》康熙年间

职官	人名	籍贯	出身	出处及在职时间
县丞	梁国正	广东人		《乾隆新安县志》康熙年间
县丞	耿起凤	汉军		《乾隆新安县志》康熙年间
县丞	佟国楷	汉军	监生	《乾隆新安县志》乾隆五年
县丞	盛 宁	江苏元和人	监生	《缙绅全书》乾隆三十年春

教 谕

职官	人名	籍贯	出身	出处及在职时间
教谕	颜 敏	顺天人	举人	《乾隆新安县志》顺治三年
教谕	卢裕楫	三河人	举人	《乾隆新安县志》顺治七年
教谕	刘一鹏	临城人	岁贡	《乾隆新安县志》顺治十六年

职官	人名	籍贯	出身	出处及在职时间
教谕	章尚志	宁晋籍南马人	举人	《乾隆新安县志》顺治年间
教谕	高霁	深州人	岁贡	《乾隆新安县志》康熙十六年
教谕	王愿庶	邢台人		《乾隆新安县志》康熙年间
教谕	陈文瓛	新城人	举人	《乾隆新安县志》康熙年间
教谕	郝孔曜	宣化府人	拔贡	《乾隆新安县志》康熙年间
教谕	张时华	沧州人	举人	《乾隆新安县志》康熙年间
教谕	霍绍曾	灵寿人	举人	《乾隆新安县志》康熙年间
教谕	梁允庄	真定人	贡生	《乾隆新安县志》康熙年间
教谕	张浡	天津人	贡生	《乾隆新安县志》康熙年间

职官	人名	籍贯	出身	出处及在职时间
教谕	马 端	广平人	拔贡	《乾隆新安县志》康熙年间
教谕	张有异	宛平人	贡生	《乾隆新安县志》康熙年间
教谕	钱 青	永平人	贡生	《乾隆新安县志》康熙年间
教谕	李 笃	抚宁人	拔贡	《乾隆新安县志》康熙年间
教谕	杜元征	怀柔人	拔贡	《乾隆新安县志》康熙年间

管河县丞

职官	人名	籍贯	出身	出处及在职时间
管河县丞		江苏武进人	例监	《缙绅新书》乾隆十三年春
管河县丞	方鹤阜	安徽人	监生	《爵秩全本》乾隆三十三年秋

职官	人名	籍贯	出身	出处及在职时间
管河县丞	张兆旭	江苏江都人	监生	《缙绅全书》《中枢备览》乾隆四十二年秋
管河县丞	张大儒	四川人		《缙绅全书》《中枢备览》 乾隆五十三年春
管河县丞	吴士泓	江苏元和人	监生	《缙绅全书》嘉庆元年春
管河县丞	张进忠	山西汾阳人	监生	《缙绅全书》嘉庆二年冬
管河县丞	张进忠	山西汾阳人	监生	《缙绅全书》嘉庆三年秋
管河县丞	张进忠	山西汾阳人	监生	《缙绅全书》嘉庆三年冬
管河县丞	张进忠	山西汾阳人	监生	《缙绅全书》嘉庆五年冬
管河县丞	刘师良	浙江钱塘人		《缙绅全书》嘉庆九年春
管河县丞	刘师良	浙江钱塘人		《缙绅全书》《中枢备览》嘉庆十一年春

职官	人名	籍贯	出身	出处及在职时间
管河县丞	刘师良	浙江钱塘人		《缙绅全书》嘉庆十一年夏
管河县丞	汪观送	江苏砀山人	附贡	《缙绅全书》嘉庆十七年秋
管河县丞	张　藻	江苏睢宁人	监生	《缙绅全书》嘉庆二十一年冬
管河县丞	汪观送	江苏砀山人	附贡	《缙绅全书》嘉庆二十二年春
管河县丞	汪观送	江苏砀山人	附贡	《缙绅全书》（大）、《缙绅全书》（小）嘉庆二十二年冬
管河县丞	张　藻	江苏睢宁人	监生	《缙绅全书》嘉庆二十五年夏
管河县丞	张　藻	江苏睢宁人	监生	《缙绅全书》《中枢备览》道光四年夏
管河县丞	张　藻	江苏睢宁人	监生	《缙绅全书》道光四年夏
管河县丞	张　藻	江苏睢宁人	监生	《爵秩全览》道光六年秋

职官	人名	籍贯	出身	出处及在职时间
管河县丞	张　□			《缙绅全书》道光七年春
管河县丞	沈　泰	江苏人	监生	《缙绅全书》道光十年冬

复设教谕

职官	人名	籍贯	出身	出处及在职时间
复设教谕	刘　绍	任县人	拔贡	《缙绅新书》乾隆十三年春
复设教谕	顾　旭	承德人	拔贡	《缙绅全本》乾隆二十五年冬
复设教谕	顾　旭	承德人	拔贡	《缙绅全本》乾隆二十六年秋
复设教谕	顾　旭	承德人	拔贡	《缙绅全书》乾隆三十年春
复设教谕	顾　旭	承德人	拔贡	《爵秩全本》乾隆三十年冬

职官	人名	籍贯	出身	出处及在职时间
复设教谕	李维楫	怀来人	拔贡	《爵秩全本》乾隆三十三年秋
复设教谕	张 鹤	庆云人	举人	《缙绅全书》《中枢备览》乾隆四十二年秋
复设教谕	憨意诚	长恒人	拔贡	《缙绅全书》《中枢备览》 乾隆五十三年春
复设教谕	佟 鎏	汉军正黄旗人	副榜	《缙绅全书》嘉庆元年春
复设教谕	佟 鎏	汉军正黄旗人	副榜	《缙绅全书》嘉庆二年冬
复设教谕	佟 鎏	汉军正黄旗人	副榜	《缙绅全书》嘉庆三年秋
复设教谕	佟 鎏	汉军正黄旗人	副榜	《缙绅全书》嘉庆三年冬
复设教谕	佟 鎏	汉军正黄旗人	副榜	《缙绅全书》嘉庆五年冬
复设教谕	佟 鎏	汉军正黄旗人	副榜	《缙绅全书》嘉庆九年春

职官	人名	籍贯	出身	出处及在职时间
复设教谕	憨意诚	大名人	拔贡	《缙绅全书》《中枢备览》嘉庆十一年春
复设教谕	憨意诚	大名人	拔贡	《缙绅全书》嘉庆十一年夏
复设教谕	李 蕴	河间人	拔贡	《缙绅全书》嘉庆十七年秋
复设教谕	卢殿选	汉军正黄旗人	举人	《缙绅全书》嘉庆二十一年冬
复设教谕	熊佩之	宛平籍湖北人	举人	《缙绅全书》嘉庆二十二年春
复设教谕	卢殿选	汉军正黄旗人	举人	《缙绅全书》（大）、《缙绅全书》（小）嘉庆二十二年冬
复设教谕	卢殿选	汉军正黄旗人	举人	《缙绅全书》嘉庆二十五年夏
复设教谕	卢殿选	汉军正黄旗人	举人	《缙绅全书》《中枢备览》道光四年夏
复设教谕	卢殿选	汉军正黄旗人	举人	《缙绅全书》道光四年夏

职官	人名	籍贯	出身	出处及在职时间
复设教谕	卢殿选	汉军正黄旗人	举人	《爵秩全览》道光六年秋
复设教谕	王宣龄	昌平州人	孝廉	《缙绅全书》道光十年冬

典史加一级

职官	人名	籍贯	出身	出处及在职时间
典史加一级	郭开极	浙江人		《缙绅新书》乾隆十三年春
典史加一级	张士熠	浙江人		《缙绅全本》乾隆二十五年冬
典史加一级	张士熠	浙江人		《缙绅全本》乾隆二十六年秋
典史加一级	张士熠	浙江人		《爵秩全本》乾隆三十年冬

职官	人名	籍贯	出身	出处及在职时间
典史加一级	张士熠	浙江人		《爵秩全本》乾隆三十三年秋

典　史

职官	人名	籍贯	出身	出处及在职时间
典史	林维祯			《乾隆新安县志》顺治元年
典史	徐重光	江□长洲人		《乾隆新安县志》顺治十二年
典史	朱正志	浙江萧山人		《乾隆新安县志》顺治十四年
典史	梁腾虹	山西长治人	吏员	《乾隆新安县志》顺治十六年
典史	茅世泰	浙江山阴县人	吏员	《乾隆新安县志》康熙十二年
典史	张应魁	陕西人		《乾隆新安县志》雍正二年

职官	人名	籍贯	出身	出处及在职时间
典史	章延年	浙江人		《乾隆新安县志》雍正四年
典史	范铨	江南人		《乾隆新安县志》雍正七年
典史	卢弘亮	江南人		《乾隆新安县志》雍正十三年
典史	王懋华	绍兴人		《乾隆新安县志》乾隆四年
典史	陶宗望	绍兴人		《乾隆新安县志》乾隆六年
典史	王隆基			《乾隆新安县志》
典史	盛王佐			《乾隆新安县志》
典史	兰国桢	山东人		《乾隆新安县志》
典史	牛则弘	陕西人		《乾隆新安县志》

职官	人名	籍贯	出身	出处及在职时间
典史	刘　琦	河南人		《乾隆新安县志》
典史	陈裕国	陕西人		《乾隆新安县志》
典史	张士熠	浙江人		《缙绅全书》乾隆三十年春
典史	崔　麟	四川华阳人	监生	《缙绅全书》《中枢备览》乾隆四十二年秋
典史	盛宜楷	江苏人	监生	《缙绅全书》《中枢备览》 乾隆五十三年春
典史	刘承链	江西长宁人	监生	《缙绅全书》嘉庆元年春
典史	王文溆	江苏吴县人	监生	《缙绅全书》嘉庆二年冬
典史	王文溆	江苏吴县人	监生	《缙绅全书》嘉庆三年秋
典史	王文溆	江苏吴县人	监生	《缙绅全书》嘉庆三年冬

职官	人名	籍贯	出身	出处及在职时间
典史	王文溆	江苏吴县人	监生	《缙绅全书》嘉庆五年冬
典史	韦　溶	江苏上元人	监生	《缙绅全书》嘉庆九年春
典史	韦　溶	江苏上元人	监生	《缙绅全书》《中枢备览》嘉庆十一年春
典史	韦　溶	江苏上元人	监生	《缙绅全书》嘉庆十一年夏
典史	韦　溶	江苏上元人	监生	《缙绅全书》嘉庆十七年秋
典史	周佩荪	江西南城人	监生	《缙绅全书》嘉庆二十一年冬
典史	韦　溶	江苏上元人	监生	《缙绅全书》嘉庆二十二年春
典史	周佩荪	江西南城人	监生	《缙绅全书》（大）、《缙绅全书》（小）嘉庆二十二年冬
典史	周佩荪	江西南城人	监生	《缙绅全书》嘉庆二十五年夏

职官	人名	籍贯	出身	出处及在职时间
典史	周萧霖	江西南城人	监生	《缙绅全书》《中枢备览》道光四年夏
典史	周萧霖	江西南城人	监生	《缙绅全书》道光四年夏
典史	刘秉初	江西新淦人	监生	《爵秩全览》道光六年秋
典史	刘秉初	江西新淦人	监生	《缙绅全书》道光七年春
典史	刘秉初	江西新淦人	监生	《缙绅全书》道光十年冬

清代雄县职官年表

职官	人名	籍贯	出身	出处及在职时间
训导	赵大有	临清人	贡生	《民国雄县新志》顺治元年
典史	崔钟玺	膚施人	吏员	《民国雄县新志》顺治元年
县丞	杨明时			《民国雄县新志》顺治元年
训导	石日祯	冀州人	贡生	《民国雄县新志》顺治二年
县丞	涂应旂	铁岭卫人	岁贡	《民国雄县新志》顺治二年
知县	韩应节	辽阳人	贡士	《雄县志》顺治二年
教谕	莫尔潍	大兴人	举人	《民国雄县新志》顺治三年
知县	武以宁	辽东人	贡士	《民国雄县新志》顺治三年
知县	张元璘	辽东人	贡士	《民国雄县新志》顺治四年

职官	人名	籍贯	出身	出处及在职时间
训导	应时章	广宁人	贡生	《民国雄县新志》顺治五年
教谕	秦性恒	大兴人	举人	《民国雄县新志》顺治六年
县丞	葛廷栋	奉天人	岁贡	《民国雄县新志》顺治六年
知县	傅廷选	广宁人	贡士	《民国雄县新志》顺治六年
备注：《雄县志》记载其籍贯为河北宣化。				
训导	李凤祥	宁晋人	贡生	《民国雄县新志》顺治七年
县丞	刘希瑞	金华人	吏员	《民国雄县新志》顺治八年
知县	马得通	东宁人	贡士	《民国雄县新志》顺治九年
知县	张希颜	正蓝旗人	进士	《民国雄县新志》顺治十年

职官	人名	籍贯	出身	出处及在职时间
教谕	陈九龄	大兴人	贡士	《民国雄县新志》顺治十一年
知县	王鼎鼐	宣城人	举人	《民国雄县新志》顺治十一年
典史	孙绳武	黄安人	吏员	《民国雄县新志》顺治十二年
县丞	董应乾	绍兴人	吏员	《民国雄县新志》顺治十三年
县丞	陈万言	仁和人	吏员	《民国雄县新志》顺治十三年
教谕	张组旒	隆平人	举人	《民国雄县新志》顺治十五年
训导	袁若启	通州人	贡生	《民国雄县新志》顺治十六年
典史	周 杰	富平人	吏员	《民国雄县新志》顺治十六年
训导	李桂朋	曲阳人	贡生	《民国雄县新志》顺治十八年

职官	人名	籍贯	出身	出处及在职时间
知县	张景燊	邹平人	拔贡	《带经堂集》顺治年间
知县	曹日勉	桐乡人	举人	《民国雄县新志》康熙元年
知县	刘秉忠	正红旗人	荫生	《民国雄县新志》康熙二年
教谕	满孟钦	深州人	贡士	《民国雄县新志》康熙四年
典史	王钰贞	蒲州人	吏员	《民国雄县新志》康熙四年
知县	戚崇进	威海卫人	拔贡	《民国雄县新志》康熙四年
典史	陈自立	绍兴人	吏员	《民国雄县新志》康熙六年
县丞	董尔猷	洛阳人	副榜	《民国雄县新志》康熙六年
知县	姚文爕	桐城人	进士	《民国雄县新志》康熙八年

职官	人名	籍贯	出身	出处及在职时间
教谕	南宫第	密云人	举人	《民国雄县新志》康熙十年
备注：《雄县乡土志》载其于康熙九年任雄县教谕。				
知县	袁公衍	南江人	举人	《民国雄县新志》康熙十一年
备注：《雄县乡土志》载其于康熙十年任雄县知县。				
教谕	谷威	丰润县人	贡士	《民国雄县新志》康熙十九年
知县	张重启			《民国雄县新志》康熙三十年
知县	胡世昌	上虞人		《民国雄县新志》康熙五十二年
知县	甘汝来	江西人	进士	《民国雄县新志》康熙年间
知县	谢橿龄	安邑人	进士	《民国雄县新志》康熙年间

职官	人名	籍贯	出身	出处及在职时间
知县	来淑洙	三原人	副榜	《民国雄县新志》康熙年间
知县	王 辅			《民国雄县新志》康熙年间
知县	沈泽英	山阴人		《民国雄县新志》康熙年间
教谕	张鹤龄	宣化府人	举人	《民国雄县新志》康熙年间
教谕	李 树	顺天人	岁贡	《民国雄县新志》康熙年间
教谕	杨见龙	盐山人	举人	《光绪重修天津府志》康熙年间
知县	浦 湘	江苏人	孝廉	《苏州府志》（光绪九年刻本）乾隆元年
知县加一级	汪 钺	浙江嘉兴人	举人	《缙绅新书》乾隆十三年春
管河县丞	罗鸿远	镶白旗人	监生	《缙绅新书》乾隆十三年春

职官	人名	籍贯	出身	出处及在职时间
教谕	赵文煜	涿州人	举人	《缙绅新书》乾隆十三年春
复设训导	吴道一	保定人	岁贡	《缙绅新书》乾隆十三年春
典史	万嘉言	湖北江陵人		《缙绅新书》乾隆十三年春
知县加一级	李　成	山东邹平人		《缙绅全本》乾隆二十五年冬
管河县丞	王　镛	顺天人	监生	《缙绅全本》乾隆二十五年冬
教谕	虞秉彝	涿州人	举人	《缙绅全本》乾隆二十五年冬
复设训导	马　勣	永年人	岁贡	《缙绅全本》乾隆二十五年冬
典史	包文元	浙江会稽人		《缙绅全本》乾隆二十五年冬
知县加一级	李　成	山东邹平人		《缙绅全本》乾隆二十六年秋

职官	人名	籍贯	出身	出处及在职时间
管河县丞	朱 澜	江苏人	保举	《缙绅全本》乾隆二十六年秋
教谕	虞秉彝	涿州人	举人	《缙绅全本》乾隆二十六年秋
复设训导	崔楷元	大名人	廪贡	《缙绅全本》乾隆二十六年秋
典史	包文元	浙江会稽人		《缙绅全本》乾隆二十六年秋
知县加一级	张 在	山西榆次人		《缙绅全书》乾隆三十年春
州判管县丞事	黄□□	大兴人	监生	《缙绅全书》乾隆三十年春
教谕	吕 泰	天津人	举人	《缙绅全书》乾隆三十年春
复设训导	崔楷元	大名人	廪贡	《缙绅全书》乾隆三十年春
典史	包文元	浙江会稽人		《缙绅全书》乾隆三十年春

职官	人名	籍贯	出身	出处及在职时间
知县加一级	王道亨	江苏吴县人	副榜	《爵秩全本》乾隆三十年冬
管河县丞	黄□□	大兴人	监生	《爵秩全本》乾隆三十年冬
教谕	吕 泰	天津人	举人	《爵秩全本》乾隆三十年冬
复设训导	崔楷元	大名人	廪贡	《爵秩全本》乾隆三十年冬
典史	包文元	浙江会稽人		《爵秩全本》乾隆三十三年秋
知县加一级	王道亨	江苏吴县人	副榜	《爵秩全本》乾隆三十三年秋
管河县丞	吕奎耀	四川人	例监	《爵秩全本》乾隆三十三年秋
教谕	吕 泰	天津人	举人	《爵秩全本》乾隆三十三年秋
复设训导	崔楷元	大名人	廪贡	《爵秩全本》乾隆三十三年秋

职官	人名	籍贯	出身	出处及在职时间
县丞管典史事	丁道典	湖北武昌人	监生	《爵秩全本》乾隆三十三年秋
知县加一级	萧附凤	贵州人	监生	《缙绅全书》《中枢备览》乾隆四十二年秋

备注：民国《雄县新志》载其出身为进士。

职官	人名	籍贯	出身	出处及在职时间
管河县丞	高思傅	浙江山阴人	监生	《缙绅全书》《中枢备览》乾隆四十二年秋
教谕	张丰年	翼州人	举人	《缙绅全书》《中枢备览》乾隆四十二年秋
复设训导	傅培植	密云人	廪贡	《缙绅全书》《中枢备览》乾隆四十二年秋
典史	戴师点	江苏吴县人	监生	《缙绅全书》《中枢备览》乾隆四十二年秋
知县加一级	刘念拔	江西奉新人	监生	《缙绅全书》《中枢备览》乾隆五十三年春

备注：民国《雄县新志》载其出身为拔贡。

职官	人名	籍贯	出身	出处及在职时间
管河县丞	翟梦云	浙江仁和人	监生	《缙绅全书》《中枢备览》乾隆五十三年春
教谕	萧克明	静海人		《缙绅全书》《中枢备览》乾隆五十三年春
复设训导	傅培植	密云人	廪贡	《缙绅全书》《中枢备览》乾隆五十三年春
吏目借补典史加一级	吴兴臣	浙江归安人	监生	《缙绅全书》《中枢备览》乾隆五十三年春
知县	胡玠			《民国雄县新志》乾隆年间
知县	张彬			《民国雄县新志》乾隆年间
知县	刘统	武威人	举人	《民国雄县新志》乾隆年间
知县	胡锡瑛	宁乡人		《光绪湖南通志》乾隆年间
知县加一级	徐体劻	江苏武进人	监生	《缙绅全书》嘉庆元年春

职官	人名	籍贯	出身	出处及在职时间
教谕	王颖惠	河间人	举人	《缙绅全书》嘉庆元年春
管河县丞	钱复	湖北嘉兴人	监生	《缙绅全书》嘉庆元年春
复设训导	刘懿正	河间人	岁贡	《缙绅全书》嘉庆元年春
吏目借补典史加二级	吴兴臣	浙江归安人	监生	《缙绅全书》嘉庆元年春
知县加一级	冯瑛	浙江山阴人	监生	《缙绅全书》嘉庆二年冬
教谕	王颖惠	河间人	举人	《缙绅全书》嘉庆二年冬
管河县丞	韩宪会	江苏江宁人	议叙	《缙绅全书》嘉庆二年冬
复设训导	刘懿正	河间人	岁贡	《缙绅全书》嘉庆二年冬
吏目借补典史加二级	吴兴臣	浙江归安人	监生	《缙绅全书》嘉庆二年冬

职官	人名	籍贯	出身	出处及在职时间
知县加一级	冯 瑛	浙江山阴人	监生	《缙绅全书》嘉庆三年秋
教谕	王颖惠	河间人	举人	《缙绅全书》嘉庆三年秋
管河县丞	韩宪会	江苏江宁人	议叙	《缙绅全书》嘉庆三年秋
复设训导	刘懿正	河间人	岁贡	《缙绅全书》嘉庆三年秋
吏目借补典史	吴兴臣	浙江归安人	监生	《缙绅全书》嘉庆三年秋
知县加一级	冯 瑛	浙江山阴人	监生	《缙绅全书》嘉庆三年冬
教谕	王颖惠	河间人	举人	《缙绅全书》嘉庆三年冬
管河县丞	韩宪会	江苏江宁人	议叙	《缙绅全书》嘉庆三年冬
复设训导	刘懿正	河间人	岁贡	《缙绅全书》嘉庆三年冬

职官	人名	籍贯	出身	出处及在职时间
吏目借补典史加二级	吴兴臣	浙江归安人	监生	《缙绅全书》嘉庆三年冬
知县	冯瑛	浙江山阴人	监生	《缙绅全书》嘉庆五年冬
管河县丞	沈桐	浙江秀水人	监生	《缙绅全书》嘉庆五年冬
教谕	王颖惠	河间人	举人	《缙绅全书》嘉庆五年冬
复设训导	刘懿正	河间人	岁贡	《缙绅全书》嘉庆五年冬
吏目借补典史加二级	吴兴臣	浙江归安人	监生	《缙绅全书》嘉庆五年冬
知县	黄士	广汉人		《雄县志》嘉庆八年
知县	徐杨炳	浙江海宁人	举人	《缙绅全书》嘉庆九年春
管河县丞	沈桐	浙江秀水人	监生	《缙绅全书》嘉庆九年春

职官	人名	籍贯	出身	出处及在职时间
教谕	王颖惠	河间人	举人	《缙绅全书》嘉庆九年春
复设训导	刘懿正	河间人	岁贡	《缙绅全书》嘉庆九年春
典史	赵士瀛	浙江山阴人	监生	《缙绅全书》嘉庆九年春
知县	徐杨炳	浙江海宁人	举人	《缙绅全书》《中枢备览》嘉庆十一年春
管河县丞	沈 桐	浙江秀水人	监生	《缙绅全书》《中枢备览》嘉庆十一年春
教谕	王颖惠	河间人	举人	《缙绅全书》《中枢备览》嘉庆十一年春
复设训导	刘懿正	河间人	岁贡	《缙绅全书》《中枢备览》嘉庆十一年春
典史	赵士瀛	浙江山阴人	监生	《缙绅全书》《中枢备览》嘉庆十一年春
知县	徐杨炳	浙江海宁人	举人	《缙绅全书》嘉庆十一年夏

职官	人名	籍贯	出身	出处及在职时间
教谕	王颖惠	河间人	举人	《缙绅全书》嘉庆十一年夏
典史	赵士瀛	浙江山阴人	监生	《缙绅全书》嘉庆十一年夏
知县	郭锦仪	四川人	进士	《民国雄县新志》嘉庆十四年
知县加一级	何维绮	山东新城人	贡生	《缙绅全书》嘉庆十七年秋
管河县丞	姜臣斌	江苏元和人	监生	《缙绅全书》嘉庆十七年秋
教谕	虞承祖	文安人	举人	《缙绅全书》嘉庆十七年秋
复设训导	任殿交	万全人	举人	《缙绅全书》嘉庆十七年秋
典史	赵士瀛	浙江山阴人	监生	《缙绅全书》嘉庆十七年秋

职官	人名	籍贯	出身	出处及在职时间
知县加一级	濮　城	浙江钱塘人	监生	《缙绅全书》嘉庆二十一年冬
管河县丞	陈于嘉	安徽广德州人	监生	《缙绅全书》嘉庆二十一年冬
教谕	张鹤龄	宣化府人	举人	《缙绅全书》嘉庆二十一年冬
复设训导	任殿交	万全人	举人	《缙绅全书》嘉庆二十一年冬
典史	赵士瀛	浙江山阴人	监生	《缙绅全书》嘉庆二十一年冬
知县加一级	何维绮	山东新城人	贡生	《缙绅全书》嘉庆二十二年春
管河县丞	陈于嘉	安徽广德州人	监生	《缙绅全书》嘉庆二十二年春
教谕	张鹤龄	宣化府人	举人	《缙绅全书》嘉庆二十二年春

职官	人名	籍贯	出身	出处及在职时间
复设训导	任殿交	万全人	举人	《缙绅全书》嘉庆二十二年春
典史	赵士瀛	浙江山阴人	监生	《缙绅全书》嘉庆二十二年春
知县	何维绮	山东新城人	贡生	《缙绅全书》（大）嘉庆二十二年冬
管河县丞	陈于嘉	安徽广德州人	监生	《缙绅全书》（大）嘉庆二十二年冬
教谕	张鹤龄	宣化府人	举人	《缙绅全书》（大）嘉庆二十二年冬 《缙绅全书》（小）
复设训导	任殿交	宣化府人	举人	《缙绅全书》（大）嘉庆二十二年冬
典史	赵士瀛	浙江山阴人	监生	《缙绅全书》（大）嘉庆二十二年冬 《缙绅全书》（小）
知县加一级	何维绮	山东新城人	贡生	《缙绅全书》（小）嘉庆二十二年冬
管河县丞	陈于嘉	安徽广德州人	监生	《缙绅全书》（小）嘉庆二十二年冬

职官	人名	籍贯	出身	出处及在职时间
复设训导	任殿交	万全人	举人	《缙绅全书》（小）嘉庆二十二年冬
知县	祝庆毅	固始人	监生	《民国雄县新志》嘉庆二十三年
知县加一级	濮 城	浙江钱塘人	监生	《缙绅全书》嘉庆二十五年夏
管河县丞	陈于嘉	安徽广德州人	监生	《缙绅全书》嘉庆二十五年夏
教谕	张鹤龄	宣化府人	举人	《缙绅全书》嘉庆二十五年夏
复设训导	任殿交	宣化府人	举人	《缙绅全书》嘉庆二十五年夏
典史	赵士瀛	浙江山阴人	监生	《缙绅全书》嘉庆二十五年夏
县丞	徐志祖			《那文毅公奏议》嘉庆年间
训导	任正文	宣化府人	举人	《民国雄县新志》道光元年

职官	人名	籍贯	出身	出处及在职时间
知县加一级	胡 钧	江苏上元人	监生	《缙绅全书》《中枢备览》道光四年夏
管河县丞	王仲兰	江苏吴县人	监生	《缙绅全书》《中枢备览》道光四年夏
教谕	张鹤龄	宣化府人	举人	《缙绅全书》《中枢备览》道光四年夏
复设训导	王 瀚	顺天人	拔贡	《缙绅全书》《中枢备览》道光四年夏
典史	侯用吉	江苏金匮人	监生	《缙绅全书》《中枢备览》道光四年夏
知县	胡 钧	江苏上元人	监生	《缙绅全书》道光四年夏
管河县丞	王仲兰	江苏吴县人	监生	《缙绅全书》道光四年夏
教谕	张鹤龄	宣化府人	举人	《缙绅全书》道光四年夏
复设训导	王 瀚	顺天人	拔贡	《缙绅全书》道光四年夏

职官	人名	籍贯	出身	出处及在职时间
典史	侯用吉	江苏金匮人	监生	《缙绅全书》道光四年夏
知县	胡　钧	江苏上元人	监生	《爵秩全览》道光六年秋
管河县丞	杨夔生	江苏金匮人	监生	《爵秩全览》道光六年秋
教谕	张鹤龄	宣化府人	举人	《爵秩全览》道光六年秋
复设训导	王　瀚	顺天人	拔贡	《爵秩全览》道光六年秋
典史	侯用吉	江苏金匮人	监生	《爵秩全览》道光六年秋
知县	胡曲江	曲江人		《民国雄县新志》道光七年
知县加一级	胡　钧	江苏上元人	监生	《缙绅全书》道光七年春
管河县丞	杨庆生	江苏金匮人	监生	《缙绅全书》道光七年春

职官	人名	籍贯	出身	出处及在职时间
教谕	张鹤龄	宣化府人	举人	《缙绅全书》道光七年春
复设训导	王瀚	顺天人	岁贡	《缙绅全书》道光七年春
典史	侯用吉	江苏金匮人	监生	《缙绅全书》道光七年春
知县加一级	彭定□	江苏人		《缙绅全书》道光七年春
管河县丞	沈炳章	浙江仁和人	监生	《缙绅全书》道光七年春
教谕	史景清	广平人	举人	《缙绅全书》道光七年春
复设训导	王瀚	顺天人	岁贡	《缙绅全书》道光七年春
典史	李和	浙江山阴人	监生	《缙绅全书》道光七年春
知县	彭定泽			《民国雄县新志》道光十年

职官	人名	籍贯	出身	出处及在职时间
教谕	王佐清	定州人	举人	《民国雄县新志》道光十一年
知县加一级	汪世楠	浙江秀水人	监生	《缙绅全书》《中枢备览》道光十三年夏
教谕	张玉墀	顺天人	举人	《民国雄县新志》《缙绅全书》《中枢备览》道光十三年夏
复设训导	王瀚	顺天人	岁贡	《缙绅全书》《中枢备览》道光十三年夏
典史	李和	浙江山阴人	监生	《缙绅全书》《中枢备览》道光十三年夏
知县加一级	沈炳章	浙江仁和人	监生	《民国雄县新志》《缙绅全书》道光十四年夏
教谕	李谟	河间人	举人	《民国雄县新志》《缙绅全书》道光十四年夏
复设训导	王瀚	顺天人	岁贡	《缙绅全书》道光十四年夏
典史	李和	浙江山阴人	监生	《缙绅全书》道光十四年夏

职官	人名	籍贯	出身	出处及在职时间
知县加一级	沈炳章	浙江仁和人	监生	《民国雄县新志》《缙绅全书》道光十四年夏
教谕	李谟	河间人	举人	《缙绅全书》道光十四年夏
复设训导	王瀚	顺天人	岁贡	《缙绅全书》道光十四年夏
典史	李和	浙江山阴人	监生	《缙绅全书》道光十四年夏
知县加一级	沈炳章	浙江仁和人	监生	《民国雄县新志》《缙绅全书》道光十六年秋
复设训导	王瀚	顺天人	岁贡	《缙绅全书》道光十六年秋
教谕	李谟	河间人	举人	《缙绅全书》道光十六年秋
典史	李和	浙江山阴人	监生	《缙绅全书》道光十六年秋
知县加一级	沈炳章	浙江仁和人	监生	《缙绅全书》《中枢备览》道光十六年冬

职官	人名	籍贯	出身	出处及在职时间
复设训导	王 瀚	顺天人	岁贡	《缙绅全书》《中枢备览》道光十六年冬
教谕	李 谟	河间人	举人	《缙绅全书》《中枢备览》道光十六年冬
典史	李 和	浙江山阴人	监生	《缙绅全书》《中枢备览》道光十六年冬
知县加一级	高 午	陕西鄜州人	副榜	《缙绅全书》道光十七年秋

备注：民国《雄县新志》载其籍贯为郑州。

职官	人名	籍贯	出身	出处及在职时间
复设训导	王 瀚	顺天人	岁贡	《缙绅全书》道光十七年秋
教谕	李 谟	河间人	举人	《缙绅全书》道光十七年秋
典史	李 和	浙江山阴人	监生	《缙绅全书》道光十七年秋
知县加一级	高 午	陕西鄜州人	副榜	《缙绅全书》道光十八年夏

职官	人名	籍贯	出身	出处及在职时间
复设训导	王　瀚	顺天人	岁贡	《缙绅全书》道光十八年夏
教谕	李　谟	河间人	举人	《缙绅全书》道光十八年夏
典史	李　和	浙江山阴人	监生	《缙绅全书》道光十八年夏
知县	高　午	陕西鄜州人	副榜	《缙绅全书》《爵秩全览》道光十九年夏
复设训导	王　瀚	顺天人	岁贡	《缙绅全书》《爵秩全览》道光十九年夏
教谕	李　谟	河间人	举人	《缙绅全书》《爵秩全览》道光十九年夏
典史	李　和	浙江山阴人	监生	《缙绅全书》《爵秩全览》道光十九年夏
训导	张筠廷	定州人	岁贡	《民国雄县新志》道光二十年

职官	人名	籍贯	出身	出处及在职时间
知县加一级	张宝锷	山东蒲台人	进士	《缙绅全书》道光二十年秋
复设训导	吴骏声	永平人	举人	《民国雄县新志》《缙绅全书》道光二十年秋

备注：民国《雄县新志》载其籍贯为临榆。

职官	人名	籍贯	出身	出处及在职时间
教谕	李 谟	河间人	举人	《缙绅全书》道光二十年秋
典史	练朝桢	福建武平人	监生	《缙绅全书》道光二十年秋
知县加一级	张宝锷	山东蒲台人	进士	《缙绅全书》道光二十年冬
复设训导	吴骏声	永平人	举人	《缙绅全书》道光二十年冬
教谕	李 谟	河间人	举人	《缙绅全书》道光二十年冬

职官	人名	籍贯	出身	出处及在职时间
典史	练朝桢	福建武平人	监生	《缙绅全书》道光二十年冬
训导	赵德舆	盐山人	岁贡	《民国雄县新志》道光二十二年
知县加一级	张宝锷	山东蒲台人	进士	《缙绅全书》《中枢备览》道光二十二年春
教谕	李谟	河间人	举人	《缙绅全书》《中枢备览》道光二十二年春
复设训导	吴骏声	永平人	举人	《缙绅全书》《中枢备览》道光二十二年春
典史	练朝桢	福建武平人	监生	《缙绅全书》《中枢备览》道光二十二年春
知县加一级	张宝锷	山东蒲台人	进士	《缙绅全书》道光二十二年冬
教谕	李谟	河间人	举人	《缙绅全书》道光二十二年冬

职官	人名	籍贯	出身	出处及在职时间
复设训导	吴骏声	永平人	举人	《缙绅全书》道光二十二年冬
典史	王廷祥	奉天承德人	监生	《缙绅全书》道光二十二年冬
知县加一级	范梁	浙江钱塘人		《缙绅全书》道光二十五年夏
教谕	李谟	河间人	举人	《缙绅全书》道光二十五年夏
复设训导	陈润	天津人	贡生	《缙绅全书》道光二十五年夏
典史	汪正泉	湖南沅陵人	监生	《缙绅全书》道光二十五年夏
知县加一级	范梁	浙江钱塘人		《缙绅全书》道光二十五年秋
教谕	李谟	河间人	举人	《缙绅全书》道光二十五年秋

职官	人名	籍贯	出身	出处及在职时间
复设训导	陈 润	天津人	贡生	《缙绅全书》道光二十五年秋
典史	汪正泉	湖南沅陵人	监生	《缙绅全书》道光二十五年秋
训导	冯治隆	顺德人	岁贡	《民国雄县新志》道光二十六年
知县加一级	范 梁	浙江钱塘人		《爵秩全览》道光二十六年
教谕	李 谟	河间人	举人	《爵秩全览》道光二十六年
复设训导		顺天人	附生	《爵秩全览》道光二十六年
典史	汪正泉	湖南沅陵人	监生	《爵秩全览》道光二十六年
知县加一级	范 梁	浙江钱塘人		《缙绅全书》道光二十七年夏

职官	人名	籍贯	出身	出处及在职时间
教谕	李谟	河间人	举人	《缙绅全书》道光二十七年夏
典史	汪正泉	湖南沅陵人	监生	《缙绅全书》道光二十七年夏
复设训导	瞿嘉福	顺天人	附生	《缙绅全书》道光二十七年夏
知县加一级		浙江钱塘人		《缙绅全书》道光二十七年秋
教谕	李谟	河间人	举人	《缙绅全书》道光二十七年秋
典史	汪正泉	湖南沅陵人	监生	《缙绅全书》道光二十七年秋
复设训导	瞿嘉福	顺天人	附生	《缙绅全书》道光二十七年秋
教谕	张翼轸	涿州人	举人	《民国雄县新志》道光二十八年

职官	人名	籍贯	出身	出处及在职时间
复设训导	瞿嘉福	顺天人	附生	《缙绅全书》道光二十九年夏
典史	汪正泉	湖南沅陵人	监生	《缙绅全书》道光二十九年夏
知县加一级	周昌奇	湖北咸宁人		《民国雄县新志》《缙绅全书》道光二十九年夏
教谕	张崇理	顺天人	举人	《民国雄县新志》《缙绅全书》道光二十九年夏
复设训导	瞿嘉福	顺天人	附生	《缙绅全书》道光二十九年夏
典史	汪正泉	湖南沅陵人	监生	《缙绅全书》道光二十九年夏
知县加一级	周昌奇	湖北咸宁人		《民国雄县新志》《缙绅全书》道光二十九年夏
教谕	张崇理	顺天人	举人	《缙绅全书》道光二十九年夏

职官	人名	籍贯	出身	出处及在职时间
复设训导	瞿嘉福	顺天人	附生	《缙绅全书》道光二十九年夏
典史	汪正泉	湖南沅陵人	监生	《缙绅全书》道光二十九年夏
教谕	陈允治	青县人	举人	《民国雄县新志》道光三十年
知县	王榕吉	长山人	进士	《民国雄县新志》道光三十年

备注：《雄县乡土志》载其于咸丰初年补雄县知县。

职官	人名	籍贯	出身	出处及在职时间
典史	裴廷彦			《民国雄县新志》道光年间
知县	姚经陛	归安人	监生	《民国雄县新志》咸丰三年

备注：《雄县志》记载其籍贯为浙江吴兴县。

职官	人名	籍贯	出身	出处及在职时间
知县	蒋大铺	江苏无锡人	进士	《民国雄县新志》《缙绅全书》咸丰三年夏
教谕	张崇理	顺天人	举人	《缙绅全书》咸丰三年夏
复设训导	瞿嘉福	顺天人	附生	《缙绅全书》咸丰三年夏
典史	汪正泉	湖南沅陵人	监生	《缙绅全书》咸丰三年夏
知县	蒋大铺	江苏无锡人	进士	《民国雄县新志》《缙绅全书》咸丰三年夏
教谕	张崇理	顺天人	举人	《缙绅全书》咸丰三年夏
复设训导	瞿嘉福	顺天人	附生	《缙绅全书》咸丰三年夏
典史	汪正泉	湖南沅陵人	监生	《缙绅全书》咸丰三年夏

职官	人名	籍贯	出身	出处及在职时间
知县加一级	蒋大镛	江苏无锡人	进士	《民国雄县新志》《缙绅全书》咸丰三年夏
教谕	张崇理	顺天人	举人	《缙绅全书》咸丰三年夏
复设训导	瞿嘉福	顺天人	附生	《缙绅全书》咸丰三年夏
典史	汪正泉	湖南沅陵人	监生	《缙绅全书》咸丰三年夏
知县加一级	范梁	浙江钱塘人		《缙绅全书》咸丰四年春
教谕	李谟	河间人	举人	《缙绅全书》咸丰四年春
复设训导	陈润	天津人	贡生	《缙绅全书》咸丰四年春
典史	汪正泉	湖南沅陵人	监生	《缙绅全书》咸丰四年春

职官	人名	籍贯	出身	出处及在职时间
知县	蒋大镛	江苏无锡人	进士	《缙绅全书》咸丰四年
教谕	张玉墀	顺天人	举人	《缙绅全书》咸丰四年
复设训导	瞿嘉福	顺天人	附生	《缙绅全书》咸丰四年
典史	汪正泉	湖南沅陵人	监生	《缙绅全书》咸丰四年
知县	陆松林	西华人	进士	《民国雄县新志》咸丰五年
知县	陆松林	河南西华人	进士	《缙绅全书》咸丰六年春
教谕	张玉墀	顺天人	举人	《缙绅全书》咸丰六年春
复设训导	倪炌	永平府人	拔贡	《缙绅全书》咸丰六年春
典史	王本镛	山东长山人	监生	《缙绅全书》咸丰六年春

职官	人名	籍贯	出身	出处及在职时间
知县加一级	陆松林	河南西华人	进士	《爵秩全览》咸丰六年夏
教谕	张玉墀	顺天人	举人	《爵秩全览》咸丰六年夏
复设训导	倪炊	永平府人	拔贡	《爵秩全览》咸丰六年夏
典史	王本镛	山东长山人	监生	《爵秩全览》咸丰六年夏
教谕	戴淇	青县人	岁贡	《民国雄县新志》咸丰七年
知县	陆松林	河南西华人	进士	《爵秩全览》咸丰七年冬
教谕	张玉墀	顺天人	举人	《爵秩全览》咸丰七年冬
复设训导	倪炊	永平府人	拔贡	《爵秩全览》咸丰七年冬
典史	陶圣林	山东人	监生	《爵秩全览》咸丰七年冬

职官	人名	籍贯	出身	出处及在职时间
知县加一级	陆松林	河南西华人	进士	《缙绅全书》咸丰九年夏
教谕	张玉墀	顺天人	举人	《缙绅全书》咸丰九年夏
复设训导	高　山	冀州人	拔贡	《缙绅全书》咸丰九年夏
典史	蔡鸿昌	湖南长沙人	职员	《缙绅全书》咸丰九年夏
知县加一级	陆松林	河南西华人	进士	《缙绅全书》咸丰十年秋
教谕	张玉墀	顺天人	举人	《缙绅全书》咸丰十年秋
复设训导	高　山	冀州人	拔贡	《缙绅全书》咸丰十年秋
典史	蔡鸿昌	湖南长沙人	职员	《缙绅全书》咸丰十年秋
知县	陆松林	河南西华人	进士	《缙绅全书》咸丰十年

职官	人名	籍贯	出身	出处及在职时间
教谕	张玉墀	顺天人	举人	《缙绅全书》咸丰十年
复设训导	高山	冀州人	拔贡	《缙绅全书》咸丰十年
典史	蔡鸿昌	湖南长沙人	职员	《缙绅全书》咸丰十年
知县	陆松林	河南西华人	进士	《缙绅全书》咸丰十年
教谕	张玉墀	顺天人	举人	《缙绅全书》咸丰十年
复设训导	高山	冀州人	拔贡	《缙绅全书》咸丰十年
典史	蔡鸿昌	湖南长沙人	职员	《缙绅全书》咸丰十年
知县	郑士惠	华州人	进士	《民国雄县新志》咸丰十一年
教谕	李元瑞	宛平人	举人	《民国雄县新志》同治二年

职官	人名	籍贯	出身	出处及在职时间
县丞	冯 震	浙江人	监生	《民国雄县新志》同治二年
知县加一级	郑 沂	山西阳曲人		《民国雄县新志》《缙绅全书》同治四年夏
教谕	周焕文	天津人	举人	《缙绅全书》同治四年夏
备注：民国《雄县新志》载其籍贯为盐山。				
复设训导	沈 钧	顺天人	增贡	《民国雄县新志》《缙绅全书》同治四年夏
备注：民国《雄县新志》载其籍贯为通州。				
典史	冯 震	浙江山阴人	监生	《缙绅全书》同治四年夏
知县	刘松龄	山东济阳人	进士	《民国雄县新志》《缙绅全书》同治五年春
备注：民国《雄县新志》载其为同治四年任。				

职官	人名	籍贯	出身	出处及在职时间
教谕	邵瀛奎	汉军旗人	举人	《缙绅全书》同治五年春
复设训导	沈　钧	顺天人	增贡	《缙绅全书》同治五年春
典史	冯　震	浙江山阴人	监生	《缙绅全书》同治五年春
知县	刘松龄	山东济阳人	进士	《爵秩全览》同治六年春
教谕	邵瀛奎	汉军旗人	举人	《爵秩全览》同治六年春
复设训导	沈　钧	顺天人	增贡	《爵秩全览》同治六年春
典史	冯　震	浙江山阴人	监生	《爵秩全览》同治六年春
知县	刘松龄	山东济阳人	进士	《缙绅全书》同治六年春
教谕	邵瀛奎	汉军旗人	举人	《缙绅全书》同治六年春

职官	人名	籍贯	出身	出处及在职时间
复设训导	沈 钧	顺天人	增贡	《缙绅全书》同治六年春
典史	冯 震	浙江山阴人	监生	《缙绅全书》同治六年春
知县	刘松龄	山东济阳人	进士	《缙绅全书》同治六年秋
教谕	邵瀛奎	汉军旗人	举人	《缙绅全书》同治六年秋
复设训导	沈 钧	顺天人	增贡	《缙绅全书》同治六年秋
典史	冯 震	浙江山阴人	监生	《缙绅全书》同治六年秋
知县	刘松龄	山东济阳人	进士	《缙绅全书》同治八年春
教谕	邵瀛奎	汉军旗人	举人	《缙绅全书》同治八年春
复设训导	沈 钧	顺天人	增贡	《缙绅全书》同治八年春

职官	人名	籍贯	出身	出处及在职时间
典史	冯 震	浙江山阴人	监生	《缙绅全书》同治八年春
知县加一级	刘松龄	山东济阳人	进士	《缙绅全书》同治八年冬
教谕	邵瀛奎	汉军旗人	举人	《缙绅全书》同治八年冬
复设训导	沈 钧	顺天人	增贡	《缙绅全书》同治八年冬
典史	冯 震	浙江山阴人	监生	《缙绅全书》同治八年冬
教谕	马德昌	易州人	岁贡	《民国雄县新志》同治九年
知县	刘松龄	山东济阳人	进士	《爵秩全览》同治九年春
教谕	邵瀛奎	汉军旗人	举人	《爵秩全览》同治九年春
复设训导	沈 钧	顺天人	增贡	《爵秩全览》同治九年春

职官	人名	籍贯	出身	出处及在职时间
典史	冯 震	浙江山阴人	监生	《爵秩全览》同治九年春
知县加一级	刘松龄	山东济阳人	进士	《缙绅全书》同治九年夏
复设训导	沈 钧	顺天人	增贡	《缙绅全书》同治九年夏
教谕	邵瀛奎	汉军旗人	举人	《缙绅全书》同治九年夏
典史	冯 震	浙江山阴人	监生	《缙绅全书》同治九年夏
知县	刘松龄	山东济阳人	进士	《爵秩全览》同治九年秋
复设训导	沈 钧	顺天人	增贡	《爵秩全览》同治九年秋
教谕	傅大鲲	永平府人	举人	《民国雄县新志》《爵秩全览》同治九年秋
备注：民国《雄县新志》载其籍贯为临榆。				

职官	人名	籍贯	出身	出处及在职时间
典史	冯震	浙江山阴人	监生	《爵秩全览》同治九年秋
知县加一级	刘松龄	山东济阳人	进士	《缙绅全书》同治九年冬
复设训导	沈钧	顺天人	增贡	《缙绅全书》同治九年冬
教谕	傅大鲲	永平府人	举人	《缙绅全书》同治九年冬
典史	冯震	浙江山阴人	监生	《缙绅全书》同治九年冬
训导	赵万泰	大名人	举人	《民国雄县新志》同治十年
知县	松龄	满洲人	生员	《民国雄县新志》同治十年
知县加一级	刘松龄	山东济阳人	进士	《缙绅全书》同治十年春
复设训导	沈钧	顺天人	增贡	《缙绅全书》同治十年春

职官	人名	籍贯	出身	出处及在职时间
教谕	傅大鲲	永平府人	举人	《缙绅全书》同治十年春
典史	冯 震	浙江山阴人	监生	《缙绅全书》同治十年春
知县加一级	刘松龄	山东济阳人	进士	《缙绅全书》同治十年夏
复设训导	沈 钧	顺天人	增贡	《缙绅全书》同治十年夏
教谕	傅大鲲	永平府人	举人	《缙绅全书》同治十年夏
典史	冯 震	浙江山阴人	监生	《缙绅全书》同治十年夏
知县加一级	刘松龄	山东济阳人	进士	《缙绅全书》同治十一年夏
复设训导	苏成龙	河间人	廪生	《缙绅全书》同治十一年夏
教谕	傅大鲲	永平府人	举人	《缙绅全书》同治十一年夏

职官	人名	籍贯	出身	出处及在职时间
典史	冯　震	浙江山阴人	监生	《缙绅全书》同治十一年夏
知县加一级		山东济阳人	进士	《缙绅全书》《中枢备览》同治十一年秋
复设训导	苏成龙	河间人	廪生	《缙绅全书》《中枢备览》同治十一年秋
教谕	傅大鲲	永平府人	举人	《缙绅全书》《中枢备览》同治十一年秋
典史	冯　震	浙江山阴人	监生	《缙绅全书》《中枢备览》同治十一年秋
教谕	郭亨谦	永平人	岁贡	《民国雄县新志》同治十二年
知县加一级	黄安澜	江西宜黄人	举人	《缙绅全书》同治十二年冬
复设训导	苏成龙	河间人	廪生	《缙绅全书》同治十二年冬
教谕	傅大鲲	永平府人	举人	《缙绅全书》同治十二年冬

职官	人名	籍贯	出身	出处及在职时间
典史	冯 震	浙江山阴人	监生	《缙绅全书》同治十二年冬
知县	凌颛德	西华人	廪生	《民国雄县新志》同治十三年
知县加一级	黄安澜	江西宜黄人	举人	《缙绅全书》同治十三年春
教谕	刘士贡	河间人	举人	《缙绅全书》同治十三年春
复设训导	苏成龙	河间人	廪生	《缙绅全书》同治十三年春
典史	冯 震	浙江山阴人	监生	《缙绅全书》同治十三年春
知县	黄安澜	江西宜黄人	举人	《爵秩全览》同治十三年夏
教谕	刘士贡	河间人	举人	《爵秩全览》同治十三年夏
复设训导	苏成龙	河间人	廪生	《爵秩全览》同治十三年夏

职官	人名	籍贯	出身	出处及在职时间
典史	冯　震	浙江山阴人	监生	《爵秩全览》同治十三年夏
知县加一级	黄安澜	江西宜黄人	举人	《缙绅全书》同治十三年秋
教谕	刘士贡	河间人	举人	《缙绅全书》同治十三年秋
复设训导	苏成龙	河间人	廪生	《缙绅全书》同治十三年秋
典史	冯　震	浙江山阴人	监生	《缙绅全书》同治十三年秋
知县加一级	黄安澜	江西宜黄人	举人	《缙绅全书》同治十三年冬
教谕	刘士贡	河间人	举人	《缙绅全书》同治十三年冬
复设训导	苏成龙	河间人	廪生	《缙绅全书》同治十三年冬
典史	冯　震	浙江山阴人	监生	《缙绅全书》同治十三年冬

职官	人名	籍贯	出身	出处及在职时间
知县	黄安澜	江西宜黄人	举人	《爵秩全览》同治十三年冬
教谕	刘士贡	河间人	举人	《爵秩全览》同治十三年冬
复设训导	苏成龙	河间人	廪生	《爵秩全览》同治十三年冬
典史	冯 震	浙江山阴人	监生	《爵秩全览》同治十三年冬
知县加一级	黄安澜	江西宜黄人	举人	《缙绅全书》《中枢备览》同治十三年冬
教谕	刘士贡	河间人	举人	《缙绅全书》《中枢备览》同治十三年冬
复设训导	苏成龙	河间人	廪生	《缙绅全书》《中枢备览》同治十三年冬
典史	冯 震	浙江山阴人	监生	《缙绅全书》《中枢备览》同治十三年冬
藩司	钱鼎铭			《曾文正公年谱》（光绪二年刻本）同治年间

职官	人名	籍贯	出身	出处及在职时间
教谕	张 俭	遵化州人	举人	《民国雄县新志》同治年间
典史	王庶敏	云南人	监生	《民国雄县新志》光绪元年
典史	庄 濠	江苏人	监生	《民国雄县新志》光绪元年
知县	黄安澜	江西宜黄人	举人	《爵秩全览》光绪元年夏
教谕	刘士贡	河间人	举人	《爵秩全览》光绪元年夏
复设训导	苏成龙	河间人	廪生	《爵秩全览》光绪元年夏
典史	冯 震	浙江山阴人	监生	《爵秩全览》光绪元年夏
知县	黄安澜	江西宜黄人	举人	《爵秩全览》光绪元年秋
教谕	刘士贡	河间人	举人	《爵秩全览》光绪元年秋

职官	人名	籍贯	出身	出处及在职时间
复设训导	苏成龙	河间人	廪生	《爵秩全览》光绪元年秋
典史	冯 震	浙江山阴人	监生	《爵秩全览》光绪元年秋
知县	方宝善	桐城人	监生	《民国雄县新志》光绪二年
知县加一级	丁绍基	江苏武进人	附贡	《缙绅全书》光绪二年秋
教谕	刘 顼	河间人	举人	《缙绅全书》光绪二年秋
复设训导	苏成龙	河间人	廪生	《缙绅全书》光绪二年秋
典史	冯 震	浙江山阴人	监生	《缙绅全书》光绪二年秋
教谕	刘士贡	河间人	举人	《爵秩全览》光绪二年冬

职官	人名	籍贯	出身	出处及在职时间
复设训导	苏成龙	河间人	廪生	《爵秩全览》光绪二年冬
知县	李芯	陵川人	举人	《民国雄县新志》光绪三年
典史	叶重庆	静宁人	监生	《民国雄县新志》光绪三年
知县加一级	王立勋	安徽太平人	廪贡	《民国雄县新志》《缙绅全书》《中枢备览》光绪三年夏
备注：民国《雄县新志》载其出身为荫生。				
教谕	刘士贡	河间人	举人	《缙绅全书》《中枢备览》光绪三年夏
复设训导	苏成龙	河间人	廪生	《缙绅全书》《中枢备览》光绪三年夏
典史	龚兆麒	浙江山阴人	监生	《缙绅全书》《中枢备览》光绪三年夏

职官	人名	籍贯	出身	出处及在职时间
知县加一级	王立勋	安徽太平人	廪贡	《缙绅全书》光绪三年秋
教谕	刘 项	河间人	举人	《缙绅全书》光绪三年秋
复设训导	苏成龙	河间人	廪生	《缙绅全书》光绪三年秋
典史	龚兆麒	浙江山阴人	监生	《缙绅全书》光绪三年秋
知县	王立勋	安徽太平人	廪贡	《爵秩全览》光绪三年冬
教谕	刘 项	河间人	举人	《爵秩全览》光绪三年冬
复设训导	苏成龙	河间人	廪生	《爵秩全览》光绪三年冬
典史	龚兆麒	浙江山阴人	监生	《爵秩全览》光绪三年冬
知县加一级	王立勋	安徽太平人	廪贡	《缙绅全书》《中枢备览》光绪四年秋

职官	人名	籍贯	出身	出处及在职时间
教谕	张 俭	遵化州人	举人	《缙绅全书》《中枢备览》光绪四年秋
复设训导	苏成龙	河间人	廪生	《缙绅全书》《中枢备览》光绪四年秋
典史	龚兆麒	浙江山阴人	监生	《缙绅全书》《中枢备览》光绪四年秋
知县	王立勋	安徽太平人	廪贡	《爵秩全览》光绪四年冬
教谕	张 俭	遵化州人	举人	《爵秩全览》光绪四年冬
复设训导	苏成龙	河间人	廪生	《爵秩全览》光绪四年冬
典史	龚兆麒	浙江山阴人	监生	《爵秩全览》光绪四年冬
知县加一级	王立勋	安徽太平人	廪贡	《缙绅全书》光绪五年春
教谕	张 俭	遵化州人	举人	《缙绅全书》光绪五年春

职官	人名	籍贯	出身	出处及在职时间
复设训导	苏成龙	河间人	廪生	《缙绅全书》光绪五年春
典史	龚兆麒	浙江山阴人	监生	《缙绅全书》光绪五年春
知县加一级	王立勋	安徽太平人	廪贡	《缙绅全书》光绪五年秋
教谕	张 俭	遵化州人	举人	《缙绅全书》光绪五年秋
复设训导	苏成龙	河间人	廪生	《缙绅全书》光绪五年秋
典史	龚兆麒	浙江山阴人	监生	《缙绅全书》光绪五年秋
知县加一级	王立勋	安徽太平人	廪贡	《缙绅全书》《中枢备览》光绪五年冬
教谕	张 俭	遵化州人	举人	《缙绅全书》《中枢备览》光绪五年冬
复设训导	苏成龙	河间人	廪生	《缙绅全书》《中枢备览》光绪五年冬

职官	人名	籍贯	出身	出处及在职时间
典史	龚兆麒	浙江山阴人	监生	《缙绅全书》《中枢备览》光绪五年冬
知县加一级	王立勋	安徽太平人	廪贡	《缙绅全书》光绪七年春
教谕	张 俭	遵化州人	举人	《缙绅全书》光绪七年春
复设训导	王荫棠	顺德府人	拔贡	《缙绅全书》光绪七年春
典史	龚兆麒	浙江山阴人	监生	《缙绅全书》光绪七年春
知县	王立勋	安徽太平人	廪贡	《爵秩全览》光绪七年冬
教谕	张 俭	遵化州人	举人	《爵秩全览》光绪七年冬
复设训导	王荫棠	顺德府人	拔贡	《爵秩全览》光绪七年冬
典史	龚兆麒	浙江山阴人	监生	《爵秩全览》光绪七年冬

职官	人名	籍贯	出身	出处及在职时间
知县加一级	王立勋	安徽太平人	廪贡	《缙绅全书》光绪七年冬
教谕	张俭	遵化州人	举人	《缙绅全书》光绪七年冬
复设训导	王荫棠	顺德府人	拔贡	《缙绅全书》光绪七年冬
典史	龚兆麒	浙江山阴人	监生	《缙绅全书》光绪七年冬
知县加一级	王立勋	安徽太平人	廪贡	《缙绅全书》光绪八年冬
教谕	张俭	遵化州人	举人	《缙绅全书》光绪八年冬
复设训导	王荫棠	顺德府人	拔贡	《缙绅全书》光绪八年冬
典史	龚兆麒	浙江山阴人	监生	《缙绅全书》光绪八年冬
知县	赵映辰	沈阳人	进士	《民国雄县新志》光绪十年

职官	人名	籍贯	出身	出处及在职时间
知县加一级	王立勋	安徽太平人	廪贡	《爵秩全览》光绪十年夏
教谕	于福泽	顺天府人	举人	《爵秩全览》光绪十年夏
复设训导	王荫棠	顺德府人	拔贡	《爵秩全览》光绪十年夏
典史	龚兆麒	浙江山阴人	监生	《爵秩全览》光绪十年夏
教谕	于福泽	顺天府人	举人	《爵秩全览》光绪十年秋
复设训导	王荫棠	顺德府人	拔贡	《爵秩全览》光绪十年秋
典史	龚兆麒	浙江山阴人	监生	《爵秩全览》光绪十年秋
知县	秦焕尧	虞唐人		《民国雄县新志》光绪十一年

职官	人名	籍贯	出身	出处及在职时间
知县	赵映辰	奉天承德人	进士	《民国雄县新志》《爵秩全览》光绪十一年春
备注：民国《雄县新志》载其籍贯为沈阳。				
教谕	于福泽	顺天府人	举人	《爵秩全览》光绪十一年春
复设训导	王荫棠	顺德府人	拔贡	《爵秩全览》光绪十一年春
典史	龚兆麒	浙江山阴人	监生	《爵秩全览》光绪十一年春
知县	赵映辰	奉天承德人	进士	《爵秩全览》光绪十一年夏
教谕	于福泽	顺天府人	举人	《爵秩全览》光绪十一年夏
复设训导	王荫棠	顺德府人	拔贡	《爵秩全览》光绪十一年夏
典史	龚兆麒	浙江山阴人	监生	《爵秩全览》光绪十一年夏

职官	人名	籍贯	出身	出处及在职时间
知县	赵映辰	奉天承德人	进士	《爵秩全览》光绪十一年秋
教谕	于福泽	顺天府人	举人	《爵秩全览》光绪十一年秋
复设训导	王荫棠	顺德府人	拔贡	《爵秩全览》光绪十一年秋
典史	龚兆麒	浙江山阴人	监生	《爵秩全览》光绪十一年秋
教谕	于福泽	顺天府人	举人	《爵秩全览》光绪十二年夏
复设训导	王荫棠	顺德府人	拔贡	《爵秩全览》光绪十二年夏
典史	龚兆麒	浙江山阴人	监生	《爵秩全览》光绪十二年夏
知县	张 瑛	浙江乌程县人	监生	《民国雄县新志》《缙绅全书》光绪十二年秋

职官	人名	籍贯	出身	出处及在职时间
教谕	于福泽	顺天府人	举人	《缙绅全书》光绪十二年秋
复设训导	王荫棠	顺德府人	拔贡	《缙绅全书》光绪十二年秋
典史	龚兆麒	浙江山阴人	监生	《缙绅全书》光绪十二年秋
知县	张 瑛	浙江乌程县人	监生	《爵秩全览》光绪十三年春
教谕	于福泽	顺天府人	举人	《爵秩全览》光绪十三年春
复设训导	王荫棠	顺德府人	拔贡	《爵秩全览》光绪十三年春
典史	龚兆麒	浙江山阴人	监生	《爵秩全览》光绪十三年春
知县	张 瑛	浙江乌程县人	监生	《缙绅全书》《中枢备览》光绪十三年夏
教谕	于福泽	顺天府人	举人	《缙绅全书》《中枢备览》光绪十三年夏

职官	人名	籍贯	出身	出处及在职时间
复设训导	王荫棠	顺德府人	拔贡	《缙绅全书》《中枢备览》光绪十三年夏
典史	龚兆麒	浙江山阴人	监生	《缙绅全书》《中枢备览》光绪十三年夏
知县	张 瑛	浙江乌程县人	监生	《缙绅全书》光绪十三年冬
教谕	于福泽	顺天府人	举人	《缙绅全书》光绪十三年冬
复设训导	王荫棠	顺德府人	拔贡	《缙绅全书》光绪十三年冬
典史	龚兆麒	浙江山阴人	监生	《缙绅全书》光绪十三年冬
知县	凌 燚	安徽人		《民国雄县新志》光绪十四年
知县	张 瑛	浙江乌程县人	监生	《缙绅全书》光绪十四年夏
教谕	于福泽	顺天府人	举人	《缙绅全书》光绪十四年夏

职官	人名	籍贯	出身	出处及在职时间
复设训导	王荫棠	顺德府人	拔贡	《缙绅全书》光绪十四年夏
典史	龚兆麒	浙江山阴人	监生	《缙绅全书》光绪十四年夏
知县	张 瑛	浙江乌程县人	监生	《爵秩全览》光绪十四年冬
教谕	于福泽	顺天府人	举人	《爵秩全览》光绪十四年冬
复设训导	王荫棠	顺德府人	拔贡	《爵秩全览》光绪十四年冬
典史	龚兆麒	浙江山阴人	监生	《爵秩全览》光绪十四年冬
知县	张聊恩	安徽人		《民国雄县新志》光绪十五年
备注：《雄县志》载"人名"为张联恩。				
知县	张 瑛	浙江乌程县人	监生	《爵秩全览》光绪十五年夏

职官	人名	籍贯	出身	出处及在职时间
教谕	于福泽	顺天府人	举人	《爵秩全览》光绪十五年夏
复设训导	王荫棠	顺德府人	拔贡	《爵秩全览》光绪十五年夏
典史	龚兆麒	浙江山阴人	监生	《爵秩全览》光绪十五年夏
知县	张 瑛	浙江乌程县人	监生	《爵秩全览》光绪十五年秋
教谕	于福泽	顺天府人	举人	《爵秩全览》光绪十五年秋
复设训导	王荫棠	顺德府人	拔贡	《爵秩全览》光绪十五年秋
典史	龚兆麒	浙江山阴人	监生	《爵秩全览》光绪十五年秋
知县	张 瑛	浙江乌程县人	监生	《爵秩全览》光绪十五年冬
复设训导	王荫棠	顺德府人	拔贡	《爵秩全览》光绪十五年冬

职官	人名	籍贯	出身	出处及在职时间
教谕	于福泽	顺天府人	举人	《爵秩全览》光绪十五年冬
典史	龚兆麒	浙江山阴人	监生	《爵秩全览》光绪十五年冬
知县	张瑛	浙江乌程县人	监生	《缙绅全书》光绪十六年春
复设训导	王荫棠	顺德府人	拔贡	《缙绅全书》光绪十六年春
教谕	于福泽	顺天府人	举人	《缙绅全书》光绪十六年春
典史	龚兆麒	浙江山阴人	监生	《缙绅全书》光绪十六年春
知县	张瑛	浙江乌程县人	监生	《缙绅全书》光绪十六年冬
复设训导	王荫棠	顺德府人	拔贡	《缙绅全书》光绪十六年冬
教谕	于福泽	顺天府人	举人	《缙绅全书》光绪十六年冬

职官	人名	籍贯	出身	出处及在职时间
典史	龚兆麒	浙江山阴人	监生	《缙绅全书》光绪十六年冬
知县	王金铭			《民国雄县新志》光绪十七年
知县	王开运	江西人	举人	《民国雄县新志》光绪十八年
知县	张 瑛	浙江乌程县人	监生	《爵秩全览》光绪十八年春
复设训导	范春林	定州人	廪贡	《爵秩全览》光绪十八年春
教谕	于福泽	顺天府人	举人	《爵秩全览》光绪十八年春
典史	龚兆麒	浙江山阴人	监生	《爵秩全览》光绪十八年春
复设训导	范春林	定州人	廪贡	《爵秩全览》光绪十八年秋

职官	人名	籍贯	出身	出处及在职时间
教谕	于福泽	顺天府人	举人	《爵秩全览》光绪十八年秋
典史	龚兆麒	浙江山阴人	监生	《爵秩全览》光绪十八年秋
复设训导	范春林	定州人	廪贡	《爵秩全览》光绪十八年冬
教谕	于福泽	顺天府人	举人	《爵秩全览》光绪十八年冬
典史	龚兆麒	浙江山阴人	监生	《爵秩全览》光绪十八年冬
知县		浙江嘉兴人	监生	《缙绅全书》光绪十九年春
复设训导	范春林	定州人	廪贡	《缙绅全书》光绪十九年春
教谕	于福泽	顺天府人	举人	《缙绅全书》光绪十九年春

职官	人名	籍贯	出身	出处及在职时间
典史	龚兆麒	浙江山阴人	监生	《缙绅全书》光绪十九年春
知县	郭东槐	河南武陟人	监生	《爵秩全览》光绪十九年夏
复设训导	范春林	定州人	廪贡	《爵秩全览》光绪十九年夏
教谕	于福泽	顺天府人	举人	《爵秩全览》光绪十九年夏
典史	龚兆麒	浙江山阴人	监生	《爵秩全览》光绪十九年夏
知县	郭东槐	河南武陟人	监生	《缙绅全书》光绪十九年冬
教谕	于福泽	顺天府人	举人	《缙绅全书》光绪十九年冬
复设训导	范春林	定州人	廪贡	《缙绅全书》光绪十九年冬
典史	袭兆麟	浙江山阴人	监生	《缙绅全书》光绪十九年冬

职官	人名	籍贯	出身	出处及在职时间
知县	郭东槐	河南武陟人	监生	《缙绅全书》光绪十九年冬
教谕	于福泽	顺天府人	举人	《缙绅全书》光绪十九年冬
复设训导	范春林	定州人	廪贡	《缙绅全书》光绪十九年冬
典史	袭兆麟	浙江山阴人	监生	《缙绅全书》光绪十九年冬
知县	郭东槐	河南武陟人	监生	《缙绅全书》《中枢备览》光绪二十年夏
教谕	于福泽	顺天府人	举人	《缙绅全书》《中枢备览》光绪二十年夏
复设训导	范春林	定州人	廪贡	《缙绅全书》《中枢备览》光绪二十年夏
典史	袭兆麟	浙江山阴人	监生	《缙绅全书》《中枢备览》光绪二十年夏
知县	郭东槐	河南武陟人	监生	《缙绅全书》《中枢备览》光绪二十年夏

职官	人名	籍贯	出身	出处及在职时间
教谕	于福泽	顺天府人	举人	《缙绅全书》《中枢备览》光绪二十年夏
复设训导	范春林	定州人	廪贡	《缙绅全书》《中枢备览》光绪二十年夏
典史	袭兆麟	浙江山阴人	监生	《缙绅全书》《中枢备览》光绪二十年夏
知县	郭东槐	河南武陟人	监生	《爵秩全览》光绪二十一年春
教谕	于福泽	顺天府人	举人	《爵秩全览》光绪二十一年春
复设训导	范春林	定州人	廪贡	《爵秩全览》光绪二十一年春
典史	袭兆麟	浙江山阴人	监生	《爵秩全览》光绪二十一年春
知县	郭东槐	河南武陟人	监生	《爵秩全览》光绪二十一年春
教谕	于福泽	顺天府人	举人	《爵秩全览》光绪二十一年春

职官	人名	籍贯	出身	出处及在职时间
复设训导	范春林	定州人	廪贡	《爵秩全览》光绪二十一年春
典史	袭兆麟	浙江山阴人	监生	《爵秩全览》光绪二十一年春
知县	郭东槐	河南武陟人	监生	《爵秩全览》光绪二十一年秋
教谕	于福泽	顺天府人	举人	《爵秩全览》光绪二十一年秋
训导	范春林	定州人	廪贡	《爵秩全览》光绪二十一年秋
知县	郭东槐	河南武陟人	监生	《爵秩全览》光绪二十一年秋
教谕	于福泽	顺天府人	举人	《爵秩全览》光绪二十一年秋
复设训导	范春林	定州人	廪贡	《爵秩全览》光绪二十一年秋

职官	人名	籍贯	出身	出处及在职时间
典史	朱禄魁	浙江山阴人	供事	《爵秩全览》光绪二十一年秋
知县	郭东槐	河南武陟人	监生	《缙绅全书》光绪二十一年冬
教谕	于福泽	顺天府人	举人	《爵秩全览》光绪二十二年春
复设训导	范春林	定州人	廪贡	《爵秩全览》光绪二十二年春
典史	朱禄魁	浙江山阴人	供事	《爵秩全览》光绪二十二年春
知县	郭东槐	河南武陟人	监生	《爵秩全览》光绪二十二年春
教谕	于福泽	顺天府人	举人	《爵秩全览》光绪二十二年春
复设训导	范春林	定州人	廪贡	《爵秩全览》光绪二十二年春
典史	朱禄魁	浙江山阴人	供事	《爵秩全览》光绪二十二年春

职官	人名	籍贯	出身	出处及在职时间
知县	郭东槐	河南武陟人	监生	《爵秩全览》光绪二十二年夏
教谕	于福泽	顺天府人	举人	《爵秩全览》光绪二十二年夏
复设训导	范春林	定州人	廪贡	《爵秩全览》光绪二十二年夏
典史	朱禄魁	浙江山阴人	供事	《爵秩全览》光绪二十二年夏
知县	郭东槐	河南武陟人	监生	《爵秩全览》光绪二十二年夏
教谕	于福泽	顺天府人	举人	《爵秩全览》光绪二十二年夏
复设训导	范春林	定州人	廪贡	《爵秩全览》光绪二十二年夏
典史	朱禄魁	浙江山阴人	供事	《爵秩全览》光绪二十二年夏
知县	郭东槐	河南武陟人	监生	《爵秩全览》光绪二十二年冬

职官	人名	籍贯	出身	出处及在职时间
教谕	于福泽	顺天府人	举人	《爵秩全览》光绪二十二年冬
复设训导	范春林	定州人	廪贡	《爵秩全览》光绪二十二年冬
典史	朱禄魁	浙江山阴人	供事	《爵秩全览》光绪二十二年冬
知县	郭东槐	河南武陟人	监生	《爵秩全览》光绪二十二年冬
教谕	于福泽	顺天府人	举人	《爵秩全览》光绪二十二年冬
复设训导	范春林	定州人	廪贡	《爵秩全览》光绪二十二年冬
典史	朱禄魁	浙江山阴人	供事	《爵秩全览》光绪二十二年冬
知县	郭东槐	河南武陟人	监生	《缙绅全书》《中枢备览》光绪二十三年秋
教谕	于福泽	顺天府人	举人	《缙绅全书》《中枢备览》光绪二十三年秋

职官	人名	籍贯	出身	出处及在职时间
复设训导	范春林	定州人	廪贡	《缙绅全书》《中枢备览》光绪二十三年秋
典史	朱禄魁	浙江山阴人	供事	《缙绅全书》《中枢备览》光绪二十三年秋
知县	郭东槐	河南武陟人	监生	《缙绅全书》《中枢备览》光绪二十三年秋
教谕	于福泽	顺天府人	举人	《缙绅全书》《中枢备览》光绪二十三年秋
复设训导	范春林	定州人	廪贡	《缙绅全书》《中枢备览》光绪二十三年秋
典史	朱禄魁	浙江山阴人	供事	《缙绅全书》《中枢备览》光绪二十三年秋
知县	郭东槐	河南武陟人	监生	《爵秩全览》光绪二十三年冬
教谕	于福泽	顺天府人	举人	《爵秩全览》光绪二十三年冬
复设训导	范春林	定州人	廪贡	《爵秩全览》光绪二十三年冬

职官	人名	籍贯	出身	出处及在职时间
典史	朱禄魁	浙江山阴人	供事	《爵秩全览》光绪二十三年冬
知县	胡宾周	河南人	进士	《民国雄县新志》光绪二十四年
知县	田文烈			《民国雄县新志》光绪二十四年
知县	郭东槐	河南武陟人	监生	《爵秩全览》光绪二十四年春
教谕	于福泽	顺天府人	举人	《爵秩全览》光绪二十四年春
复设训导	范春林	定州人	廪贡	《爵秩全览》光绪二十四年春
典史	朱禄魁	浙江山阴人	供事	《爵秩全览》光绪二十四年春
知县	郭东槐	河南武陟人	监生	《爵秩全览》光绪二十四年秋
教谕	于福泽	顺天府人	举人	《爵秩全览》光绪二十四年秋

职官	人名	籍贯	出身	出处及在职时间
复设训导	范春林	定州人	廪贡	《爵秩全览》光绪二十四年秋
典史	朱禄魁	浙江山阴人	供事	《爵秩全览》光绪二十四年秋
知县	郭东槐	河南武陟人	监生	《爵秩全览》光绪二十四年冬
教谕	于福泽	顺天府人	举人	《爵秩全览》光绪二十四年冬
复设训导	范春林	定州人	廪贡	《爵秩全览》光绪二十四年冬
典史	朱禄魁	浙江山阴人	供事	《爵秩全览》光绪二十四年冬
同知衔知县	郭东槐	河南武陟人	监生	《缙绅全书》光绪二十四年冬
教谕	于福泽	顺天府人	举人	《缙绅全书》光绪二十四年冬
复设训导	范春林	定州人	廪贡	《缙绅全书》光绪二十四年冬

职官	人名	籍贯	出身	出处及在职时间
典史	朱禄魁	浙江山阴人	供事	《缙绅全书》光绪二十四年冬
知县	冬之阳	沈阳人		《民国雄县新志》光绪二十五年
知县	郭东槐	河南武陟人	监生	《爵秩全览》光绪二十五年春
教谕	于福泽	顺天府人	举人	《爵秩全览》光绪二十五年春
复设训导	范春林	定州人	廪贡	《爵秩全览》光绪二十五年春
典史	朱禄魁	浙江山阴人	供事	《爵秩全览》光绪二十五年春
同知衔知县	郭东槐	河南武陟人	监生	《缙绅全书》《中枢备览》光绪二十五年春
教谕	于福泽	顺天府人	举人	《缙绅全书》《中枢备览》光绪二十五年春
复设训导	范春林	定州人	廪贡	《缙绅全书》《中枢备览》光绪二十五年春

职官	人名	籍贯	出身	出处及在职时间
典史	朱禄魁	浙江山阴人	供事	《缙绅全书》《中枢备览》光绪二十五年春
同知衔知县	郭东槐	河南武陟人	监生	《爵秩全览》光绪二十五年夏
教谕	于福泽	顺天府人	举人	《爵秩全览》光绪二十五年夏
复设训导	范春林	定州人	廪贡	《爵秩全览》光绪二十五年夏
典史	朱禄魁	浙江山阴人	供事	《爵秩全览》光绪二十五年夏
知县	郭东槐	河南武陟人	监生	《缙绅全书》光绪二十五年夏
复设训导	范春林	定州人	廪贡	《缙绅全书》光绪二十五年夏
教谕	于福泽	顺天府人	举人	《缙绅全书》光绪二十五年夏
典史	朱禄魁	浙江山阴县人	供事	《缙绅全书》光绪二十五年夏

职官	人名	籍贯	出身	出处及在职时间
知县	郭东槐	河南武陟人	监生	《爵秩全览》光绪二十五年秋
复设训导	范春林	定州人	廪贡	《爵秩全览》光绪二十五年秋
教谕	于福泽	顺天府人	举人	《爵秩全览》光绪二十五年秋
典史	朱禄魁	浙江山阴县人	供事	《爵秩全览》光绪二十五年秋
同知衔知县	郭东槐	河南武陟人	监生	《缙绅全书》《中枢备览》光绪二十五年冬
复设训导	范春林	定州人	廪贡	《缙绅全书》《中枢备览》光绪二十五年冬
教谕	于福泽	顺天府人	举人	《缙绅全书》《中枢备览》光绪二十五年冬
典史	朱禄魁	浙江山阴县人	供事	《缙绅全书》《中枢备览》光绪二十五年冬
知县	孙德成			《民国雄县新志》光绪二十六年

职官	人名	籍贯	出身	出处及在职时间
同知衔知县	郭东槐	河南武陟人	监生	《缙绅全书》《中枢备览》光绪二十六年春
复设训导	范春林	定州人	廪贡	《缙绅全书》《中枢备览》光绪二十六年春
教谕	郭莲航	永平人	举人	《缙绅全书》《中枢备览》光绪二十六年春
典史	朱禄魁	浙江山阴县人	供事	《缙绅全书》《中枢备览》光绪二十六年春
同知衔知县	郭东槐	河南武陟人	监生	《缙绅全书》光绪二十六年夏
复设训导	范春林	定州人	廪贡	《缙绅全书》光绪二十六年夏
教谕	郭莲舫	永平人	举人	《缙绅全书》光绪二十六年夏
典史	朱禄魁	浙江山阴县人	供事	《缙绅全书》光绪二十六年夏
知县	郭东槐	河南武陟人	监生	《爵秩全览》光绪二十六年秋

职官	人名	籍贯	出身	出处及在职时间
复设训导	范春林	定州人	廪贡	《爵秩全览》光绪二十六年秋
教谕	郭莲舫	永平人	举人	《爵秩全览》光绪二十六年秋
典史	朱禄魁	浙江山阴县人	供事	《爵秩全览》光绪二十六年秋
知县	毛隆光			《民国雄县新志》光绪二十七年
知县	唐景仑			《民国雄县新志》光绪二十七年
同知衔知县	郭东槐	河南武陟人	监生	《缙绅全书》光绪二十七年春
复设训导	范春林	定州人	廪贡	《缙绅全书》光绪二十七年春
教谕	郭莲舫	永平人	举人	《缙绅全书》光绪二十七年春
典史	朱禄魁	浙江山阴县人	供事	《缙绅全书》光绪二十七年春

职官	人名	籍贯	出身	出处及在职时间
知县	朱 芬	云南巨屏州人	进士	《爵秩全览》光绪二十七年冬
复设训导	范春林	定州人	廪贡	《爵秩全览》光绪二十七年冬
教谕	郭莲舫	永平人	举人	《爵秩全览》光绪二十七年冬
典史	朱禄魁	浙江山阴县人	供事	《爵秩全览》光绪二十七年冬
知县		河南武陟人	监生	《缙绅全书》《中枢备览》光绪二十七年冬
教谕	郭莲舫	永平人	举人	《缙绅全书》《中枢备览》光绪二十七年冬
复设训导	范春林	定州人	廪贡	《缙绅全书》《中枢备览》光绪二十七年冬
典史	朱禄魁	浙江山阴人	供事	《缙绅全书》《中枢备览》光绪二十七年冬
知县	吴兆毅	安徽人		《民国雄县新志》光绪二十八年

职官	人名	籍贯	出身	出处及在职时间
教谕	郭莲舫	永平人	举人	《爵秩全览》光绪二十八年春
复设训导	范春林	定州人	廪贡	《爵秩全览》光绪二十八年春
典史	朱禄魁	浙江山阴人	供事	《爵秩全览》光绪二十八年春
知县	朱家宝	云南石屏州人	进士	《缙绅全书》《中枢备览》《爵秩全览》光绪二十八年夏
教谕	郭莲舫	永平人	举人	《缙绅全书》《中枢备览》《爵秩全览》光绪二十八年夏
复设训导	范春林	定州人	廪贡	《缙绅全书》《中枢备览》《爵秩全览》光绪二十八年夏
典史	朱禄魁	浙江山阴人	供事	《缙绅全书》《中枢备览》《爵秩全览》光绪二十八年夏
知县		云南南宁州人	进士	《爵秩全览》光绪二十八年秋

职官	人名	籍贯	出身	出处及在职时间
教谕	郭莲舫	永平人	举人	《爵秩全览》光绪二十八年秋
复设训导	范春林	定州人	廪贡	《爵秩全览》光绪二十八年秋
典史	朱禄魁	浙江山阴人	供事	《爵秩全览》光绪二十八年秋
知县		云南宁州人	进士	《缙绅全书》《中枢备览》光绪二十八年冬
教谕	郭莲舫	永平人	举人	《缙绅全书》《中枢备览》光绪二十八年冬
复设训导	范春林	定州人	廪贡	《缙绅全书》《中枢备览》光绪二十八年冬
典史	朱禄魁	浙江山阴人	供事	《缙绅全书》《中枢备览》光绪二十八年冬
教谕	郭莲舫	永平人	举人	《缙绅全书》《中枢备览》《爵秩全览》光绪二十九年春

职官	人名	籍贯	出身	出处及在职时间
复设训导	范春林	定州人	廪贡	《爵秩全览》《缙绅全书》《中枢备览》光绪二十九年春
典史	朱禄魁	浙江山阴人	供事	《爵秩全览》《缙绅全书》《中枢备览》光绪二十九年春
知县	谢恺	河南商丘人	监生	《缙绅全书》《中枢备览》光绪二十九年春
知县	谢恺	河南商丘人	监生	《缙绅全书》光绪二十九年夏
教谕	郭莲舫	永平人	举人	《缙绅全书》光绪二十九年夏
复设训导	范春林	定州人	廪贡	《缙绅全书》光绪二十九年夏
典史	朱禄魁	浙江山阴人	供事	《缙绅全书》光绪二十九年夏
知县	谢恺	河南商丘人	监生	《爵秩全览》光绪二十九年秋
教谕	郭莲舫	永平人	举人	《爵秩全览》光绪二十九年秋

职官	人名	籍贯	出身	出处及在职时间
复设训导	范春林	定州人	廪贡	《爵秩全览》光绪二十九年秋
典史	朱禄魁	浙江山阴人	供事	《爵秩全览》光绪二十九年秋
知县	谢恺	河南商丘人	监生	《缙绅全书》《中枢备览》光绪二十九年秋
教谕	郭莲舫	永平人	举人	《缙绅全书》《中枢备览》光绪二十九年秋
复设训导	范春林	定州人	廪贡	《缙绅全书》《中枢备览》光绪二十九年秋
典史	朱禄魁	浙江山阴人	供事	《缙绅全书》《中枢备览》光绪二十九年秋
知县	谢恺	河南商丘人	监生	《缙绅全书》《中枢备览》光绪二十九年冬
教谕	郭莲舫	永平人	举人	《缙绅全书》《中枢备览》光绪二十九年冬
复设训导	范春林	定州人	廪贡	《缙绅全书》《中枢备览》光绪二十九年冬

职官	人名	籍贯	出身	出处及在职时间
典史	朱禄魁	浙江山阴人	供事	《缙绅全书》《中枢备览》光绪二十九年冬
知县	谢恺	河南商丘人	监生	《缙绅全书》《中枢备览》光绪三十年春
教谕	郭莲舫	永平人	举人	《缙绅全书》《中枢备览》光绪三十年春
复设训导	范春林	定州人	廪贡	《缙绅全书》《中枢备览》光绪三十年春
典史	朱禄魁	浙江山阴人	供事	《缙绅全书》《中枢备览》光绪三十年春
知县	蔡际清	浙江人		《民国雄县新志》光绪三十年
知县	谢恺	河南商丘人	监生	《爵秩全览》光绪三十年夏
教谕	郭莲舫	永平人	举人	《爵秩全览》光绪三十年夏
复设训导	范春林	定州人	廪贡	《爵秩全览》光绪三十年夏

职官	人名	籍贯	出身	出处及在职时间
典史	朱禄魁	浙江山阴人	供事	《爵秩全览》光绪三十年夏
知县	谢 恺	河南商丘人	监生	《缙绅全书》《中枢备览》光绪三十年夏
教谕	郭莲舫	永平人	举人	《缙绅全书》《中枢备览》光绪三十年夏
复设训导	范春林	定州人	廪贡	《缙绅全书》《中枢备览》光绪三十年夏
典史	朱禄魁	浙江山阴人	供事	《缙绅全书》《中枢备览》光绪三十年夏
知县	谢 恺	河南商丘人	监生	《缙绅全书》光绪三十年冬
教谕	郭莲舫	永平人	举人	《缙绅全书》光绪三十年冬
复设训导	范春林	定州人	廪贡	《缙绅全书》光绪三十年冬

职官	人名	籍贯	出身	出处及在职时间
典史		浙江山阴人	供事	《缙绅全书》光绪三十年冬
知县	谢　恺	河南商丘人	监生	《缙绅全书》《中枢备览》光绪三十一年春
复设训导	范春林	定州人	廪贡	《缙绅全书》《中枢备览》光绪三十一年春
教谕	郭莲舫	永平人	举人	《缙绅全书》《中枢备览》光绪三十一年春
典史		浙江山阴县人	供事	《缙绅全书》《中枢备览》光绪三十一年春
知县	谢　恺	河南商丘人	监生	《爵秩全览》光绪三十一年夏
复设训导	李广生	顺天府人	举人	《爵秩全览》光绪三十一年夏
教谕	郭莲舫	永平人	举人	《爵秩全览》光绪三十一年夏

职官	人名	籍贯	出身	出处及在职时间
知县	谢 恺	河南商丘人	监生	《缙绅全书》《中枢备览》光绪三十一年夏
复设训导	李广生	顺天府人	举人	《缙绅全书》《中枢备览》光绪三十一年夏
教谕	郭莲舫	永平人	举人	《缙绅全书》《中枢备览》光绪三十一年夏
知县	谢 恺	河南商丘人	监生	《爵秩全览》光绪三十一年秋
复设训导	李广生	顺天府人	举人	《爵秩全览》光绪三十一年秋
教谕	郭莲舫	永平人	举人	《爵秩全览》光绪三十一年秋
典史	文 炳	蒙古镶黄旗人	监生	《爵秩全览》光绪三十一年秋
知县	谢 恺	河南商丘人	监生	《爵秩全览》光绪三十一年冬

职官	人名	籍贯	出身	出处及在职时间
复设训导	李广生	顺天府人	举人	《爵秩全览》光绪三十一年冬
教谕	郭莲舫	永平人	举人	《爵秩全览》光绪三十一年冬
知县	谢鉴礼	贵州遵义人	拔贡	《民国雄县新志》《爵秩全览》光绪三十二年春
复设训导	李广生	顺天府人	举人	《爵秩全览》光绪三十二年春
教谕	郭莲舫	永平人	举人	《爵秩全览》光绪三十二年春
知县	谢鉴礼	贵州遵义人	拔贡	《缙绅全书》《中枢备览》光绪三十二年春
复设训导	李广生	顺天府人	举人	《缙绅全书》《中枢备览》光绪三十二年春
教谕	郭莲舫	永平人	举人	《缙绅全书》《中枢备览》光绪三十二年春

职官	人名	籍贯	出身	出处及在职时间
复设训导	李广生	顺天府人	举人	《缙绅全书》光绪三十二年夏
教谕	郭莲舫	永平人	举人	《缙绅全书》光绪三十二年夏
典史	李光纯	安徽人	监生	《缙绅全书》光绪三十二年夏
知县	谢鉴礼	贵州遵义人	拔贡	《缙绅全书》光绪三十二年秋
复设训导	李广生	顺天府人	举人	《缙绅全书》光绪三十二年秋
教谕	郭莲舫	永平人	举人	《缙绅全书》光绪三十二年秋
典史	李光纯	安徽人	监生	《缙绅全书》光绪三十二年秋
知县	谢鉴礼	贵州遵义人	拔贡	《缙绅全书》光绪三十二年冬

职官	人名	籍贯	出身	出处及在职时间
复设训导	李广生	顺天府人	举人	《缙绅全书》光绪三十二年冬
教谕	郭莲舫	永平人	举人	《缙绅全书》光绪三十二年冬
典史	李光纯	安徽人	监生	《缙绅全书》光绪三十二年冬
知县	谢鉴礼	贵州遵义人	拔贡	《爵秩全览》光绪三十二年冬
复设训导	李广生	顺天府人	举人	《爵秩全览》光绪三十二年冬
教谕	郭莲舫	永平人	举人	《爵秩全览》光绪三十二年冬
典史	李光纯	安徽人	监生	《爵秩全览》光绪三十二年冬
知县	吴钟英	安徽人		《民国雄县新志》光绪三十三年

职官	人名	籍贯	出身	出处及在职时间
复设训导	李广生	顺天府人	举人	《爵秩全览》光绪三十三年春
教谕	郭莲舫	永平人	举人	《爵秩全览》光绪三十三年春
典史	李光纯	安徽人	监生	《爵秩全览》光绪三十三年春
教谕	郭莲舫	永平人	举人	《爵秩全览》光绪三十三年秋
复设训导	李广生	顺天府人	举人	《爵秩全览》光绪三十三年秋
典史	李光纯	安徽人	监生	《爵秩全览》光绪三十三年秋
知县	禄　坤	满洲正蓝旗人	进士	《爵秩全览》光绪三十三年秋
教谕	郭莲舫	永平人	举人	《爵秩全览》光绪三十三年秋

职官	人名	籍贯	出身	出处及在职时间
复设训导	李广生	顺天府人	举人	《爵秩全览》光绪三十三年秋
典史	李光纯	安徽人	监生	《爵秩全览》光绪三十三年秋
知县	禄　坤	满洲正蓝旗人	进士	《爵秩全览》光绪三十四年春
教谕	郭莲舫	永平人	举人	《爵秩全览》光绪三十四年春
复设训导	李广生	顺天府人	举人	《爵秩全览》光绪三十四年春
典史	李光纯	安徽人	监生	《爵秩全览》光绪三十四年春
知县	禄　坤	满洲正蓝旗人	进士	《爵秩全览》光绪三十四年春
教谕	郭莲舫	永平人	举人	《爵秩全览》光绪三十四年春

职官	人名	籍贯	出身	出处及在职时间
复设训导	李广生	顺天府人	举人	《爵秩全览》光绪三十四年春
典史	李光纯	安徽人	监生	《爵秩全览》光绪三十四年春
知县	禄 坤	满洲正蓝旗人	进士	《爵秩全览》光绪三十四年夏
典史	李光纯	安徽人	监生	《爵秩全览》光绪三十四年夏
知县	禄 坤	满洲正蓝旗人	进士	《爵秩全览》光绪三十四年夏
教谕	郭莲舫	永平人	举人	《爵秩全览》光绪三十四年夏
复设训导	李广生	顺天府人	举人	《爵秩全览》光绪三十四年夏
典史	李光纯	安徽人	监生	《爵秩全览》光绪三十四年夏

职官	人名	籍贯	出身	出处及在职时间
教谕	郭莲舫	永平人	举人	《爵秩全览》光绪三十四年冬
复设训导	李广生	顺天府人	举人	《爵秩全览》光绪三十四年冬
典史	李光纯	安徽人	监生	《爵秩全览》光绪三十四年冬
知县	张允翰	江苏人	廪贡	《爵秩全览》光绪三十四年冬
教谕	郭莲舫	永平人	举人	《爵秩全览》光绪三十四年冬
复设训导	李广生	顺天府人	举人	《爵秩全览》光绪三十四年冬
典史	李光纯	安徽人	监生	《爵秩全览》光绪三十四年冬
文书院山长	籍忠宣	任丘人	进士	《民国雄县新志》光绪年间
文书院山长	阎凤阁	高阳人	进士	《民国雄县新志》光绪年间

职官	人名	籍贯	出身	出处及在职时间
队官	何邦彦			《雄县乡土志》光绪年间
知县	张允翰	江苏人	廪贡	《民国雄县新志》《爵秩全览》宣统元年夏
教谕	郭莲舫	永平人	举人	《爵秩全览》宣统元年夏
复设训导	李广生	顺天府人	举人	《爵秩全览》宣统元年夏
典史	李光纯	安徽人	监生	《爵秩全览》宣统元年夏
知县	张允翰	江苏人	廪贡	《爵秩全览》宣统元年夏
教谕	郭莲舫	永平人	举人	《爵秩全览》宣统元年夏
复设训导	李广生	顺天府人	举人	《爵秩全览》宣统元年夏
典史	李光纯	安徽人	监生	《爵秩全览》宣统元年夏

职官	人名	籍贯	出身	出处及在职时间
知县	张允翰	江苏人	廪贡	《爵秩全览》宣统元年冬
教谕	郭莲舫	永平人	举人	《爵秩全览》宣统元年冬
复设训导	李广生	顺天府人	举人	《爵秩全览》宣统元年冬
典史	李光纯	安徽人	监生	《爵秩全览》宣统元年冬
知县	张允翰	江苏人	廪贡	《爵秩全览》宣统元年冬
教谕	郭莲舫	永平人	举人	《爵秩全览》宣统元年冬
复设训导	李广生	顺天府人	举人	《爵秩全览》宣统元年冬
典史	李光纯	安徽人	监生	《爵秩全览》宣统元年冬
知县	张允翰	江苏人	廪贡	《缙绅全书》宣统元年冬

职官	人名	籍贯	出身	出处及在职时间
教谕	郭莲舫	永平人	举人	《缙绅全书》宣统元年冬
复设训导	李广生	顺天府人	举人	《缙绅全书》宣统元年冬
典史	李光纯	安徽人	监生	《缙绅全书》宣统元年冬
知县	张允翰	江苏人	廪贡	《爵秩全览》宣统二年春
教谕	郭莲舫	永平人	举人	《爵秩全览》宣统二年春
复设训导	李广生	顺天府人	举人	《爵秩全览》宣统二年春
典史	李光纯	安徽人	监生	《爵秩全览》宣统二年春
知县	张允翰	江苏人	廪贡	《爵秩全览》宣统二年夏
教谕	郭莲舫	永平人	举人	《爵秩全览》宣统二年夏

职官	人名	籍贯	出身	出处及在职时间
复设训导	李广生	顺天府人	举人	《爵秩全览》宣统二年夏
典史	李光纯	安徽人	监生	《爵秩全览》宣统二年夏
知县	张允翰	江苏人	廪贡	《爵秩全览》宣统二年秋
教谕	郭莲舫	永平人	举人	《爵秩全览》宣统二年秋
复设训导	李广生	顺天府人	举人	《爵秩全览》宣统二年秋
典史	李光纯	安徽人	监生	《爵秩全览》宣统二年秋
知县	张允翰	江苏人	廪贡	《爵秩全览》宣统二年冬
教谕	郭莲舫	永平人	举人	《爵秩全览》宣统二年冬
复设训导	李广生	顺天府人	举人	《爵秩全览》宣统二年冬

职官	人名	籍贯	出身	出处及在职时间
典史	李光纯	安徽人	监生	《爵秩全览》宣统二年冬
知县	张允翰	江苏人	廪贡	《爵秩全览》宣统三年春
教谕	郭莲舫	永平人	举人	《爵秩全览》宣统三年春
复设训导	李广生	顺天府人	举人	《爵秩全览》宣统三年春
典史	李光纯	安徽人	监生	《爵秩全览》宣统三年春
知县	张允翰	江苏人	廪贡	《爵秩全览》宣统三年夏
教谕	郭莲舫	永平人	举人	《爵秩全览》宣统三年夏
复设训导	李广生	顺天府人	举人	《爵秩全览》宣统三年夏

职官	人名	籍贯	出身	出处及在职时间
典史	李光纯	安徽人	监生	《爵秩全览》宣统三年夏
教谕	郭莲舫	永平人	举人	《爵秩全览》宣统三年秋
复设训导	李广生	顺天府人	举人	《爵秩全览》宣统三年秋
典史	李光纯	安徽人	监生	《爵秩全览》宣统三年秋
教谕	郭莲舫	永平人	举人	《职官录》宣统三年冬
复设训导	李广生	顺天府人	举人	《职官录》宣统三年冬
典史	李光纯	安徽人	监生	《职官录》宣统三年冬
知县	赵锷	河南息县人	拔贡	《职官录》宣统四年春

职官	人名	籍贯	出身	出处及在职时间
教谕	郭莲舫	永平人	举人	《职官录》宣统四年春
复设训导	李广生	顺天府人	举人	《职官录》宣统四年春
典史	李光纯	安徽人	监生	《职官录》宣统四年春

清代雄县职官类表

州判管县丞事

职官	人名	籍贯	出身	出处及在职时间
州判管县丞事	黄□□	大兴人	监生	《缙绅全书》乾隆三十年春

知县加一级

职官	人名	籍贯	出身	出处及在职时间
知县加一级	汪钺	浙江嘉兴人	举人	《缙绅新书》乾隆十三年春
知县加一级	李成	山东邹平人		《缙绅全本》乾隆二十五年冬
知县加一级	李成	山东邹平人		《缙绅全本》乾隆二十六年秋
知县加一级	张在	山西人		《缙绅全书》乾隆三十年春

职官	人名	籍贯	出身	出处及在职时间
知县加一级	王道亨	江苏吴县人	副榜	《爵秩全本》乾隆三十年冬
知县加一级	王道亨	江苏吴县人	副榜	《爵秩全本》乾隆三十三年秋
知县加一级	萧附凤	贵州人	监生	《缙绅全书》《中枢备览》乾隆四十二年秋
备注：民国《雄县新志》载其出身为进士。				
知县加一级	刘念拔	江西奉新人	监生	《缙绅全书》《中枢备览》乾隆五十三年春
备注：民国《雄县新志》载其出身为拔贡。				
知县加一级	徐體劬	江苏武进人	监生	《缙绅全书》嘉庆元年春
知县加一级	冯瑛	浙江山阴人	监生	《缙绅全书》嘉庆二年冬
知县加一级	冯瑛	浙江山阴人	监生	《缙绅全书》嘉庆三年秋

职官	人名	籍贯	出身	出处及在职时间
知县加一级	冯 瑛	浙江山阴人	监生	《缙绅全书》嘉庆三年冬
知县加一级	何维绮	山东新城人	贡生	《缙绅全书》嘉庆十七年秋
知县加一级	濮 城	浙江钱塘人	监生	《缙绅全书》嘉庆二十一年冬
知县加一级	何维绮	山东新城人	贡生	《缙绅全书》嘉庆二十二年春
知县加一级	何维绮	山东新城人	贡生	《缙绅全书》（小）嘉庆二十二年冬
知县加一级	濮 城	浙江钱塘人	监生	《缙绅全书》嘉庆二十五年夏
知县加一级	胡 钧	江苏上元人	监生	《缙绅全书》《中枢备览》道光四年夏
知县加一级	胡 钧	江苏上元人	监生	《缙绅全书》道光七年春
知县加一级	彭定口	江苏人		《缙绅全书》道光七年春

职官	人名	籍贯	出身	出处及在职时间
知县加一级	汪世楠	浙江秀水人	监生	《缙绅全书》《中枢备览》道光十三年夏
知县加一级	沈炳章	浙江仁和人	监生	《民国雄县新志》《缙绅全书》道光十四年夏
知县加一级	沈炳章	浙江仁和人	监生	《民国雄县新志》《缙绅全书》道光十四年夏
知县加一级	沈炳章	浙江仁和人	监生	《民国雄县新志》《缙绅全书》道光十六年秋
知县加一级		浙江仁和人	监生	《缙绅全书》《中枢备览》道光十六年冬
知县加一级	高　午	陕西鄜州人	副榜	《缙绅全书》道光十七年秋
备注：民国《雄县新志》载其籍贯为郑州。				
知县加一级	高　午	陕西鄜州人	副榜	《缙绅全书》道光十八年夏
知县加一级	张宝锷	山东蒲台人	进士	《缙绅全书》道光二十年秋

职官	人名	籍贯	出身	出处及在职时间
知县加一级	张宝锷	山东蒲台人	进士	《缙绅全书》道光二十年冬
知县加一级	张宝锷	山东蒲台人	进士	《缙绅全书》《中枢备览》道光二十二年春
知县加一级	张宝锷	山东蒲台人	进士	《缙绅全书》道光二十二年冬
知县加一级	范 梁	浙江钱塘人		《缙绅全书》道光二十五年夏
知县加一级	范 梁	浙江钱塘人		《缙绅全书》道光二十五年秋
知县加一级	范 梁	浙江钱塘人		《爵秩全览》道光二十六年
知县加一级	范 梁	浙江钱塘人		《缙绅全书》道光二十七年夏
知县加一级		浙江钱塘人		《缙绅全书》道光二十七年秋
知县加一级	周昌奇	湖北咸宁人		《民国雄县新志》《缙绅全书》道光二十九年夏

职官	人名	籍贯	出身	出处及在职时间
知县加一级	周昌奇	湖北咸宁人		《民国雄县新志》《缙绅全书》道光二十九年夏
知县加一级	蒋大镛	江苏无锡人	进士	《民国雄县新志》《缙绅全书》咸丰三年夏
知县加一级	范梁	浙江钱塘人		《缙绅全书》咸丰四年春
知县加一级	陆松林	河南西华人	进士	《缙绅全书》咸丰六年春
知县加一级	陆松林	河南西华人	进士	《缙绅全书》咸丰九年夏
知县加一级	陆松林	河南西华人	进士	《缙绅全书》咸丰十年秋
知县加一级	郑沂	山西阳曲人		《民国雄县新志》《缙绅全书》同治四年夏
知县加一级	刘松龄	山东济阳人	进士	《缙绅全书》同治八年冬
知县加一级	刘松龄	山东济阳人	进士	《缙绅全书》同治九年夏

职官	人名	籍贯	出身	出处及在职时间
知县加一级	刘松龄	山东济阳人	进士	《缙绅全书》同治九年冬
知县加一级	刘松龄	山东济阳人	进士	《缙绅全书》同治十年春
知县加一级	刘松龄	山东济阳人	进士	《缙绅全书》同治十年夏
知县加一级	刘松龄	山东济阳人	进士	《缙绅全书》同治十一年夏
知县加一级	刘松龄	山东济阳人	进士	《缙绅全书》《中枢备览》同治十一年秋
知县加一级	黄安澜	江西宜黄人	举人	《缙绅全书》同治十二年冬
知县加一级	黄安澜	江西宜黄人	举人	《缙绅全书》同治十三年春
知县加一级	黄安澜	江西宜黄人	举人	《缙绅全书》同治十三年秋
知县加一级	黄安澜	江西宜黄人	举人	《缙绅全书》同治十三年冬

职官	人名	籍贯	出身	出处及在职时间
知县加一级	黄安澜	江西宜黄人	举人	《缙绅全书》《中枢备览》同治十三年冬
知县加一级	丁绍基	江苏武进人	附贡	《缙绅全书》光绪二年秋
知县加一级	王立勋	安徽太平人	廪贡	《民国雄县新志》《缙绅全书》《中枢备览》光绪三年夏
备注：民国《雄县新志》载其出身为荫生。				
知县加一级	王立勋	安徽太平人	廪贡	《缙绅全书》光绪三年秋
知县加一级	王立勋	安徽太平人	廪贡	《缙绅全书》《中枢备览》光绪四年秋
知县加一级	王立勋	安徽太平人	廪贡	《缙绅全书》光绪五年春
知县加一级	王立勋	安徽太平人	廪贡	《缙绅全书》光绪五年秋
知县加一级	王立勋	安徽太平人	廪贡	《缙绅全书》《中枢备览》光绪五年冬

职官	人名	籍贯	出身	出处及在职时间
知县加一级	王立勋	安徽太平人	廪贡	《缙绅全书》光绪七年春
知县加一级	王立勋	安徽太平人	廪贡	《缙绅全书》光绪七年冬
知县加一级	王立勋	安徽太平人	廪贡	《缙绅全书》光绪八年冬
知县加一级	王立勋	安徽太平人	廪贡	《爵秩全览》光绪十年夏

知　县

职官	人名	籍贯	出身	出处及在职时间
知县	韩应节	辽阳人	贡士	《雄县志》顺治二年
知县	武以宁	辽东人	贡士	《民国雄县新志》顺治三年
知县	张元璘	辽东人	贡士	《民国雄县新志》顺治四年

职官	人名	籍贯	出身	出处及在职时间
知县	傅廷选	广宁人	贡士	《民国雄县新志》顺治六年
备注：《雄县志》记载籍贯为河北宣化。				
知县	马得通	东宁人	贡士	《民国雄县新志》顺治九年
知县	张希颜	正蓝旗人	进士	《民国雄县新志》顺治十年
知县	王鼎鼐	宣城人	举人	《民国雄县新志》顺治十一年
知县	张景燊	邹平人	拔贡	《带经堂集》顺治年间
知县	曹日勉	桐乡人	举人	《民国雄县新志》康熙元年
知县	刘秉忠	正红旗人	荫生	《民国雄县新志》康熙二年
知县	戚崇进	威海卫人	拔贡	《民国雄县新志》康熙四年

职官	人名	籍贯	出身	出处及在职时间
知县	姚文燮	桐城人	进士	《民国雄县新志》康熙八年
知县	袁公衍	南江人	举人	《民国雄县新志》康熙十一年

备注：《雄县乡土志》载其于康熙十年任雄县知县。

职官	人名	籍贯	出身	出处及在职时间
知县	张重启			《民国雄县新志》康熙三十年
知县	胡世昌	上虞人		《民国雄县新志》康熙五十二年
知县	甘汝来	江西人	进士	《民国雄县新志》康熙年间
知县	谢橿龄	安邑人	进士	《民国雄县新志》康熙年间
知县	来淑洙	三原人	副榜	《民国雄县新志》康熙年间
知县	王　辅			《民国雄县新志》康熙年间

职官	人名	籍贯	出身	出处及在职时间
知县	沈泽英	山阴人		《民国雄县新志》康熙年间
知县	浦 湘	江苏人	孝廉	《苏州府志》（光绪九年刻本）乾隆元年
知县	胡 玠			《民国雄县新志》乾隆年间
知县	张 彬			《民国雄县新志》乾隆年间
知县	刘 统	武威人	举人	《民国雄县新志》乾隆年间
知县	胡锡瑛	宁乡人		《光绪湖南通志》乾隆年间
知县	冯 瑛	浙江山阴人	监生	《缙绅全书》嘉庆五年冬
知县	黄 士	广汉人		《雄县志》嘉庆八年

职官	人名	籍贯	出身	出处及在职时间
知县	徐杨炳	浙江海宁人	举人	《缙绅全书》嘉庆九年春
知县	徐杨炳	浙江海宁人	举人	《缙绅全书》《中枢备览》嘉庆十一年春
知县	徐杨炳	浙江海宁人	举人	《缙绅全书》嘉庆十一年夏
知县	郭锦仪	四川人	进士	《民国雄县新志》嘉庆十四年
知县	何维绮	山东新城人	贡生	《缙绅全书》（大）嘉庆二十二年冬
知县	祝庆毅	固始人	监生	《民国雄县新志》嘉庆二十三年
知县	胡　钧	江苏上元人	监生	《缙绅全书》道光四年夏
知县	胡　钧	江苏上元人	监生	《爵秩全览》道光六年秋

职官	人名	籍贯	出身	出处及在职时间
知县	胡曲江	曲江人		《民国雄县新志》道光七年
知县	彭定泽			《民国雄县新志》道光十年
知县	高 午	陕西鄜州人	副榜	《缙绅全书》《爵秩全览》道光十九年夏
知县	王榕吉	长山人	进士	《民国雄县新志》道光三十年
备注：《雄县乡土志》载其于咸丰初年补雄县知县。				
知县	姚经陞	归安人	监生	《民国雄县新志》咸丰三年
备注：《雄县志》记载籍贯为浙江吴兴县。				
知县	蒋大镛	江苏无锡人	进士	《民国雄县新志》《缙绅全书》咸丰三年夏

职官	人名	籍贯	出身	出处及在职时间
知县	蒋大镛	江苏无锡人	进士	《民国雄县新志》《缙绅全书》咸丰三年夏
知县	蒋大镛	江苏无锡人	进士	《缙绅全书》咸丰四年
知县	陆松林	西华人	进士	《民国雄县新志》咸丰五年
知县	陆松林	河南西华人	进士	《缙绅全书》咸丰六年夏
知县	陆松林	河南西华人	进士	《爵秩全览》咸丰七年冬
知县	陆松林	河南西华人	进士	《缙绅全书》咸丰十年
知县	陆松林	河南西华人	进士	《缙绅全书》咸丰十年
知县	郑士惠	华州人	进士	《民国雄县新志》咸丰十一年

职官	人名	籍贯	出身	出处及在职时间
知县	刘松龄	山东济阳人	进士	《民国雄县新志》《缙绅全书》同治五年春

备注：民国《雄县新志》载其为同治四年任。

职官	人名	籍贯	出身	出处及在职时间
知县	刘松龄	山东济阳人	进士	《爵秩全览》同治六年春
知县	刘松龄	山东济阳人	进士	《缙绅全书》同治六年春
知县	刘松龄	山东济阳人	进士	《缙绅全书》同治六年秋
知县	刘松龄	山东济阳人	进士	《缙绅全书》同治八年春
知县	刘松龄	山东济阳人	进士	《爵秩全览》同治九年春
知县	刘松龄	山东济阳人	进士	《爵秩全览》同治九年秋

职官	人名	籍贯	出身	出处及在职时间
知县	松　龄	满洲人	生员	《民国雄县新志》同治十年
知县	凌顗德	西华人	廪生	《民国雄县新志》同治十三年
知县	黄安澜	江西宜黄人	举人	《爵秩全览》同治十三年夏
知县	黄安澜	江西宜黄人	举人	《爵秩全览》同治十三年冬
知县	黄安澜	江西宜黄人	举人	《爵秩全览》光绪元年夏
知县	黄安澜	江西宜黄人	举人	《爵秩全览》光绪元年秋
知县	方宝善	桐城人	监生	《民国雄县新志》光绪二年
知县	李　芯	陵川人	举人	《民国雄县新志》光绪三年

职官	人名	籍贯	出身	出处及在职时间
知县	王立勋	安徽太平人	廪贡	《爵秩全览》光绪三年冬
知县	王立勋	安徽太平人	廪贡	《爵秩全览》光绪四年冬
知县	王立勋	安徽太平人	廪贡	《爵秩全览》光绪七年冬
知县	赵映辰	沈阳人	进士	《民国雄县新志》光绪十年
知县	秦焕尧	虞唐人		《民国雄县新志》光绪十一年
知县	赵映辰	奉天承德人	进士	《民国雄县新志》《爵秩全览》光绪十一年春
备注：民国《雄县新志》载其籍贯为沈阳。				
知县	赵映辰	奉天承德人	进士	《爵秩全览》光绪十一年夏

职官	人名	籍贯	出身	出处及在职时间
知县	赵映辰	奉天承德人	进士	《爵秩全览》光绪十一年秋
知县	张 瑛	浙江乌程县人	监生	《民国雄县新志》《缙绅全书》光绪十二年秋
知县	张 瑛	浙江乌程县人	监生	《爵秩全览》光绪十三年春
知县	张 瑛	浙江乌程县人	监生	《缙绅全书》《中枢备览》光绪十三年夏
知县	张 瑛	浙江乌程县人	监生	《缙绅全书》光绪十三年冬
知县	凌 燫	安徽人		《民国雄县新志》光绪十四年
知县	张 瑛	浙江乌程县人	监生	《缙绅全书》光绪十四年夏
知县	张 瑛	浙江乌程县人	监生	《爵秩全览》光绪十四年冬

职官	人名	籍贯	出身	出处及在职时间
知县	张聊恩	安徽人		《民国雄县新志》光绪十五年
备注：《雄县志》载"人名"为张联恩。				
知县	张瑛	浙江乌程县人	监生	《爵秩全览》光绪十五年夏
知县	张瑛	浙江乌程县人	监生	《爵秩全览》光绪十五年秋
知县	张瑛	浙江乌程县人	监生	《爵秩全览》光绪十五年冬
知县	张瑛	浙江乌程县人	监生	《缙绅全书》光绪十六年春
知县	张瑛	浙江乌程县人	监生	《缙绅全书》光绪十六年冬
知县	王金铭			《民国雄县新志》光绪十七年

职官	人名	籍贯	出身	出处及在职时间
知县	王开运	江西人	举人	《民国雄县新志》光绪十八年
知县	张　瑛	浙江乌程县人	监生	《爵秩全览》光绪十八年春
知县		浙江嘉兴人	监生	《缙绅全书》光绪十九年春
知县	郭东槐	河南武陟人	监生	《爵秩全览》光绪十九年夏
知县	郭东槐	河南武陟人	监生	《缙绅全书》光绪十九年冬
知县	郭东槐	河南武陟人	监生	《缙绅全书》光绪十九年冬
知县	郭东槐	河南武陟人	监生	《缙绅全书》《中枢备览》光绪二十年夏
知县	郭东槐	河南武陟人	监生	《缙绅全书》《中枢备览》光绪二十年夏

职官	人名	籍贯	出身	出处及在职时间
知县	郭东槐	河南武陟人	监生	《爵秩全览》光绪二十一年春
知县	郭东槐	河南武陟人	监生	《爵秩全览》光绪二十一年春
知县	郭东槐	河南武陟人	监生	《爵秩全览》光绪二十一年秋
知县	郭东槐	河南武陟人	监生	《爵秩全览》光绪二十一年秋
知县	郭东槐	河南武陟人	监生	《缙绅全书》光绪二十一年冬
知县	郭东槐	河南武陟人	监生	《爵秩全览》光绪二十二年春
知县	郭东槐	河南武陟人	监生	《爵秩全览》光绪二十二年夏
知县	郭东槐	河南武陟人	监生	《爵秩全览》光绪二十二年夏
知县	郭东槐	河南武陟人	监生	《爵秩全览》光绪二十二年冬

职官	人名	籍贯	出身	出处及在职时间
知县	郭东槐	河南武陟人	监生	《爵秩全览》光绪二十二年冬
知县	郭东槐	河南武陟人	监生	《缙绅全书》《中枢备览》光绪二十三年秋
知县	郭东槐	河南武陟人	监生	《缙绅全书》《中枢备览》光绪二十三年秋
知县	郭东槐	河南武陟人	监生	《爵秩全览》光绪二十三年冬
知县	胡宾周	河南人	进士	《民国雄县新志》光绪二十四年
知县	田文烈			《民国雄县新志》光绪二十四年
知县	郭东槐	河南武陟人	监生	《爵秩全览》光绪二十四年春
知县	郭东槐	河南武陟人	监生	《爵秩全览》光绪二十四年秋
知县	郭东槐	河南武陟人	监生	《爵秩全览》光绪二十四年冬

职官	人名	籍贯	出身	出处及在职时间
知县	冬之阳	沈阳人		《民国雄县新志》光绪二十五年
知县	郭东槐	河南武陟人	监生	《爵秩全览》光绪二十五年春
知县	郭东槐	河南武陟人	监生	《缙绅全书》光绪二十五年夏
知县	郭东槐	河南武陟人	监生	《爵秩全览》光绪二十五年秋
知县	孙德成			《民国雄县新志》光绪二十六年
知县	郭东槐	河南武陟人	监生	《缙绅全书》光绪二十六年夏
知县	郭东槐	河南武陟人	监生	《爵秩全览》光绪二十六年秋
知县	毛隆光			《民国雄县新志》光绪二十七年

职官	人名	籍贯	出身	出处及在职时间
知县	唐景仑			《民国雄县新志》光绪二十七年
知县	郭东槐	河南武陟人	监生	《缙绅全书》光绪二十七年春
知县	朱 芬	云南巨屏州人	进士	《爵秩全览》光绪二十七年冬
知县		河南武陟人	监生	《缙绅全书》《中枢备览》光绪二十七年冬
知县	吴兆毅	安徽人		《民国雄县新志》光绪二十八年
知县	朱家宝	云南石屏州人	进士	《缙绅全书》《中枢备览》《爵秩全览》光绪二十八年夏
知县		云南南宁州人	进士	《爵秩全览》光绪二十八年秋
知县		云南宁州人	进士	《缙绅全书》《中枢备览》光绪二十八年冬

职官	人名	籍贯	出身	出处及在职时间
知县	谢　恺	河南商丘人	监生	《缙绅全书》《中枢备览》光绪二十九年春
知县	谢　恺	河南商丘人	监生	《缙绅全书》光绪二十九年夏
知县	谢　恺	河南商丘人	监生	《爵秩全览》光绪二十九年秋
知县	谢　恺	河南商丘人	监生	《缙绅全书》《中枢备览》光绪二十九年秋
知县	谢　恺	河南商丘人	监生	《缙绅全书》《中枢备览》光绪二十九年冬
知县	谢　恺	河南商丘人	监生	《缙绅全书》《中枢备览》光绪三十年春
知县	蔡际清	浙江人		《民国雄县新志》光绪三十年
知县	谢　恺	河南商丘人	监生	《爵秩全览》光绪三十年夏

职官	人名	籍贯	出身	出处及在职时间
知县	谢恺	河南商丘人	监生	《缙绅全书》《中枢备览》光绪三十年夏
知县	谢恺	河南商丘人	监生	《缙绅全书》光绪三十年冬
知县	谢恺	河南商丘人	监生	《缙绅全书》《中枢备览》光绪三十一年春
知县	谢恺	河南商丘人	监生	《爵秩全览》光绪三十一年夏
知县	谢恺	河南商丘人	监生	《缙绅全书》《中枢备览》光绪三十一年夏
知县	谢恺	河南商丘人	监生	《爵秩全览》光绪三十一年秋
知县	谢恺	河南商丘人	监生	《爵秩全览》光绪三十一年冬
知县	谢鉴礼	贵州遵义人	拔贡	《民国雄县新志》《爵秩全览》光绪三十二年春

职官	人名	籍贯	出身	出处及在职时间
知县	谢鉴礼	贵州遵义人	拔贡	《缙绅全书》《中枢备览》光绪三十二年春
知县	谢鉴礼	贵州遵义人	拔贡	《缙绅全书》光绪三十二年秋
知县	谢鉴礼	贵州遵义人	拔贡	《缙绅全书》光绪三十二年冬
知县	谢鉴礼	贵州遵义人	拔贡	《爵秩全览》光绪三十二年冬
知县	吴钟英	安徽人		《民国雄县新志》光绪三十三年
知县	禄 坤	满洲正蓝旗人	进士	《爵秩全览》光绪三十三年秋
知县	禄 坤	满洲正蓝旗人	进士	《爵秩全览》光绪三十四年春
知县	禄 坤	满洲正蓝旗人	进士	《爵秩全览》光绪三十四年春
知县	禄 坤	满洲正蓝旗人	进士	《爵秩全览》光绪三十四年夏

职官	人名	籍贯	出身	出处及在职时间
知县	禄　坤	满洲正蓝旗人	进士	《爵秩全览》光绪三十四年夏
知县	张允翰	江苏人	廪贡	《爵秩全览》光绪三十四年冬
知县	张允翰	江苏人	廪贡	《民国雄县新志》《爵秩全览》宣统元年夏
知县	张允翰	江苏人	廪贡	《爵秩全览》宣统元年夏
知县	张允翰	江苏人	廪贡	《爵秩全览》宣统元年冬
知县	张允翰	江苏人	廪贡	《爵秩全览》宣统元年冬
知县	张允翰	江苏人	廪贡	《缙绅全书》宣统元年冬
知县	张允翰	江苏人	廪贡	《爵秩全览》宣统二年春
知县	张允翰	江苏人	廪贡	《爵秩全览》宣统二年夏

职官	人名	籍贯	出身	出处及在职时间
知县	张允翰	江苏人	廪贡	《爵秩全览》宣统二年秋
知县	张允翰	江苏人	廪贡	《爵秩全览》宣统二年冬
知县	张允翰	江苏人	廪贡	《爵秩全览》宣统三年春
知县	张允翰	江苏人	廪贡	《爵秩全览》宣统三年夏
知县	赵锷	河南息县人	拔贡	《职官录》宣统四年春

训 导

职官	人名	籍贯	出身	出处及在职时间
训导	赵大有	临清人	贡生	《民国雄县新志》顺治元年

职官	人名	籍贯	出身	出处及在职时间
训导	石日祯	冀州人	贡生	《民国雄县新志》顺治二年
训导	应时章	广宁人	贡生	《民国雄县新志》顺治五年
训导	李凤祥	宁晋人	贡生	《民国雄县新志》顺治七年
训导	袁若启	通州人	贡生	《民国雄县新志》顺治十六年
训导	李桂朋	曲阳人	贡生	《民国雄县新志》顺治十八年
训导	任正文	宣化府人	举人	《民国雄县新志》道光元年
训导	张筠廷	定州人	岁贡	《民国雄县新志》道光二十年
训导	赵德舆	盐山人	岁贡	《民国雄县新志》道光二十二年
训导	冯治隆	顺德人	岁贡	《民国雄县新志》道光二十六年

职官	人名	籍贯	出身	出处及在职时间
训导	赵万泰	大名人	举人	《民国雄县新志》同治十年
训导	范春林	定州人	廪贡	《爵秩全览》光绪二十一年秋

县丞管典史事

职官	人名	籍贯	出身	出处及在职时间
县丞管典史事	丁道典	湖北武昌人	监生	《爵秩全本》乾隆三十三年秋

县　丞

职官	人名	籍贯	出身	出处及在职时间
县丞	杨明时			《民国雄县新志》顺治元年

职官	人名	籍贯	出身	出处及在职时间
县丞	塗应旀	铁岭卫人	岁贡	《民国雄县新志》顺治二年
县丞	葛廷栋	奉天人	岁贡	《民国雄县新志》顺治六年
县丞	刘希瑞	金华人	吏员	《民国雄县新志》顺治八年
县丞	董应乾	绍兴人	吏员	《民国雄县新志》顺治十三年
县丞	陈万言	仁和人	吏员	《民国雄县新志》顺治十三年
县丞	董尔猷	洛阳人	副榜	《民国雄县新志》康熙六年
县丞	徐志祖			《那文毅公奏议》嘉庆年间

职官	人名	籍贯	出身	出处及在职时间
县丞	冯 震	浙江人	监生	《民国雄县新志》同治二年

文书院山长

职官	人名	籍贯	出身	出处及在职时间
文书院山长	籍忠宣	任丘人	进士	《民国雄县新志》光绪年间
文书院山长	阎凰阁	高阳人	进士	《民国雄县新志》光绪年间

同知衔知县

职官	人名	籍贯	出身	出处及在职时间
同知衔知县	郭东槐	河南武陟人	监生	《缙绅全书》光绪二十四年冬

职官	人名	籍贯	出身	出处及在职时间
同知衔知县	郭东槐	河南武陟人	监生	《缙绅全书》《中枢备览》光绪二十五年春
同知衔知县	郭东槐	河南武陟人	监生	《爵秩全览》光绪二十五年夏
同知衔知县	郭东槐	河南武陟人	监生	《缙绅全书》《中枢备览》光绪二十五年冬
同知衔知县	郭东槐	河南武陟人	监生	《缙绅全书》《中枢备览》光绪二十六年春

吏目借补典史加一级

职官	人名	籍贯	出身	出处及在职时间
吏目借补典史加一级	吴兴臣	浙江归安人	监生	《缙绅全书》《中枢备览》乾隆五十三年春

吏目借补典史加二级

职官	人名	籍贯	出身	出处及在职时间
吏目借补典史加二级	吴兴臣	浙江归安人	监生	《缙绅全书》嘉庆元年春
吏目借补典史加二级	吴兴臣	浙江归安人	监生	《缙绅全书》嘉庆二年冬
吏目借补典史加二级	吴兴臣	浙江归安人	监生	《缙绅全书》嘉庆三年冬
吏目借补典史加二级	吴兴臣	浙江归安人	监生	《缙绅全书》嘉庆五年冬

吏目借补典史

职官	人名	籍贯	出身	出处及在职时间
吏目借补典史	吴兴臣	浙江归安人	监生	《缙绅全书》嘉庆三年秋

教 谕

职官	人名	籍贯	出身	出处及在职时间
教谕	莫尔潍	大兴人	举人	《民国雄县新志》顺治三年
教谕	秦性恒	大兴人	举人	《民国雄县新志》顺治六年
教谕	陈九龄	大兴人	贡士	《民国雄县新志》顺治十一年
教谕	张组旒	隆平人	举人	《民国雄县新志》顺治十五年
教谕	满孟钦	深州人	贡士	《民国雄县新志》康熙四年
教谕	南宫第	密云人	举人	《民国雄县新志》康熙十年
备注：《雄县乡土志》载其于康熙九年任雄县教谕。				

职官	人名	籍贯	出身	出处及在职时间
教谕	谷 威	丰润县人	贡士	《民国雄县新志》康熙十九年
教谕	张鹤龄	宣化府人	举人	《民国雄县新志》康熙年间
教谕	李 树	顺天人	岁贡	《民国雄县新志》康熙年间
教谕	杨见龙	盐山人	举人	《光绪重修天津府志》康熙年间
教谕	赵文煜	涿州人	举人	《缙绅新书》乾隆十三年春
教谕	虞秉彝	涿州人	举人	《缙绅全本》乾隆二十五年冬
教谕	虞秉彝	涿州人	举人	《缙绅全本》乾隆二十六年秋
教谕	吕 泰	天津人	举人	《缙绅全书》乾隆三十年春
教谕	吕 泰	天津人	举人	《爵秩全本》乾隆三十年冬

职官	人名	籍贯	出身	出处及在职时间
教谕	吕　泰	天津人	举人	《爵秩全本》乾隆三十三年秋
教谕	张丰年	翼州人	举人	《缙绅全书》《中枢备览》乾隆四十二年秋
教谕	萧克明	静海人		《缙绅全书》《中枢备览》乾隆五十三年春
教谕	王颖惠	河间人	举人	《缙绅全书》嘉庆元年春
教谕	王颖惠	河间人	举人	《缙绅全书》嘉庆二年冬
教谕	王颖惠	河间人	举人	《缙绅全书》嘉庆三年秋
教谕	王颖惠	河间人	举人	《缙绅全书》嘉庆三年冬
教谕	王颖惠	河间人	举人	《缙绅全书》嘉庆五年冬
教谕	王颖惠	河间人	举人	《缙绅全书》嘉庆九年春

职官	人名	籍贯	出身	出处及在职时间
教谕	王颖惠	河间人	举人	《缙绅全书》《中枢备览》嘉庆十一年春
教谕	王颖惠	河间人	举人	《缙绅全书》嘉庆十一年夏
教谕	虞承祖	文安人	举人	《缙绅全书》嘉庆十七年秋
教谕	张鹤龄	宣化府人	举人	《缙绅全书》嘉庆二十一年冬
教谕	张鹤龄	宣化府人	举人	《缙绅全书》嘉庆二十二年春
教谕	张鹤龄	宣化府人	举人	《缙绅全书》（大）《缙绅全书》（小）嘉庆二十二年冬
教谕	张鹤龄	宣化府人	举人	《缙绅全书》嘉庆二十五年夏
教谕	张鹤龄	宣化府人	举人	《缙绅全书》《中枢备览》道光四年夏
教谕	张鹤龄	宣化府人	举人	《缙绅全书》道光四年夏

职官	人名	籍贯	出身	出处及在职时间
教谕	张鹤龄	宣化府人	举人	《爵秩全览》道光六年秋
教谕	张鹤龄	宣化府人	举人	《缙绅全书》道光七年春
教谕	史景清	广平人	举人	《缙绅全书》道光七年春
教谕	王佐清	定州人	举人	《民国雄县新志》道光十一年
教谕	张玉墀	顺天人	举人	《民国雄县新志》《缙绅全书》《中枢备览》道光十三年夏
教谕	李谟	河间人	举人	《民国雄县新志》《缙绅全书》道光十四年夏
教谕	李谟	河间人	举人	《缙绅全书》道光十四年夏
教谕	李谟	河间人	举人	《缙绅全书》道光十六年秋
教谕	李谟	河间人	举人	《缙绅全书》《中枢备览》道光十六年冬

职官	人名	籍贯	出身	出处及在职时间
教谕	李 谟	河间人	举人	《缙绅全书》道光十七年秋
教谕	李 谟	河间人	举人	《缙绅全书》道光十八年夏
教谕	李 谟	河间人	举人	《缙绅全书》《爵秩全览》道光十九年夏
教谕	李 谟	河间人	举人	《缙绅全书》道光二十年秋
教谕	李 谟	河间人	举人	《缙绅全书》道光二十年冬
教谕	李 谟	河间人	举人	《缙绅全书》《中枢备览》道光二十二年春
教谕	李 谟	河间人	举人	《缙绅全书》道光二十二年冬
教谕	李 谟	河间人	举人	《缙绅全书》道光二十五年夏

职官	人名	籍贯	出身	出处及在职时间
教谕	李 谟	河间人	举人	《缙绅全书》道光二十五年秋
教谕	李 谟	河间人	举人	《爵秩全览》道光二十六年
教谕	李 谟	河间人	举人	《缙绅全书》道光二十七年夏
教谕	李 谟	河间人	举人	《缙绅全书》道光二十七年秋
教谕	张翼轸	涿州人	举人	《民国雄县新志》道光二十八年
教谕	张崇理	顺天人	举人	《民国雄县新志》《缙绅全书》道光二十九年夏
教谕	张崇理	顺天人	举人	《缙绅全书》道光二十九年夏
教谕	陈允治	青县人	举人	《民国雄县新志》道光三十年
教谕	张崇理	顺天人	举人	《缙绅全书》咸丰三年夏

职官	人名	籍贯	出身	出处及在职时间
教谕	张崇理	顺天人	举人	《缙绅全书》咸丰三年夏
教谕	张崇理	顺天人	举人	《缙绅全书》咸丰三年夏
教谕	李 谟	河间人	举人	《缙绅全书》咸丰四年春
教谕	张玉墀	顺天人	举人	《缙绅全书》咸丰四年
教谕	张玉墀	顺天人	举人	《缙绅全书》咸丰六年夏
教谕	张玉墀	顺天人	举人	《缙绅全书》咸丰六年春
教谕	戴 淇	青县人	岁贡	《民国雄县新志》咸丰七年
教谕	张玉墀	顺天人	举人	《爵秩全览》咸丰七年冬
教谕	张玉墀	顺天人	举人	《爵秩全览》咸丰七年冬

职官	人名	籍贯	出身	出处及在职时间
教谕	张玉墀	顺天人	举人	《爵秩全览》咸丰七年冬
教谕	张玉墀	顺天人	举人	《缙绅全书》咸丰九年夏
教谕	张玉墀	顺天人	举人	《缙绅全书》咸丰十年秋
教谕	张玉墀	顺天人	举人	《缙绅全书》咸丰十年
教谕	张玉墀	顺天人	举人	《缙绅全书》咸丰十年
教谕	李元瑞	宛平人	举人	《民国雄县新志》同治二年
教谕	周焕文	天津人	举人	《缙绅全书》同治四年夏
备注：民国《雄县新志》载其为籍贯盐山。				
教谕	邵瀛奎	汉军旗人	举人	《缙绅全书》同治五年春

职官	人名	籍贯	出身	出处及在职时间
教谕	邵瀛奎	汉军旗人	举人	《爵秩全览》同治六年春
教谕	邵瀛奎	汉军旗人	举人	《缙绅全书》同治六年春
教谕	邵瀛奎	汉军旗人	举人	《缙绅全书》同治六年秋
教谕	邵瀛奎	汉军旗人	举人	《缙绅全书》同治八年春
教谕	邵瀛奎	汉军旗人	举人	《缙绅全书》同治八年冬
教谕	马德昌	易州人	岁贡	《民国雄县新志》同治九年
教谕	邵瀛奎	汉军旗人	举人	《爵秩全览》同治九年春
教谕	邵瀛奎	汉军旗人	举人	《缙绅全书》同治九年夏
教谕	傅大鲲	永平府人	举人	《民国雄县新志》《爵秩全览》同治九年秋

职官	人名	籍贯	出身	出处及在职时间
备注：民国《雄县新志》载其籍贯为临榆。				
教谕	傅大鲲	永平府人	举人	《缙绅全书》同治九年冬
教谕	傅大鲲	永平府人	举人	《缙绅全书》同治十年春
教谕	傅大鲲	永平府人	举人	《缙绅全书》同治十年夏
教谕	傅大鲲	永平府人	举人	《缙绅全书》同治十一年夏
教谕	傅大鲲	永平府人	举人	《缙绅全书》《中枢备览》同治十一年秋
教谕	郭亨谦	永平府人	岁贡	《民国雄县新志》同治十二年
教谕	傅大鲲	永平府人	举人	《缙绅全书》同治十二年冬
教谕	刘士贡	河间人	举人	《缙绅全书》同治十三年春

职官	人名	籍贯	出身	出处及在职时间
教谕	刘士贡	河间人	举人	《爵秩全览》同治十三年夏
教谕	刘士贡	河间人	举人	《缙绅全书》同治十三年秋
教谕	刘士贡	河间人	举人	《缙绅全书》同治十三年冬
教谕	刘士贡	河间人	举人	《爵秩全览》同治十三年冬
教谕	刘士贡	河间人	举人	《缙绅全书》《中枢备览》同治十三年冬
教谕	张 俭	遵化州人	举人	《民国雄县新志》同治年间
教谕	刘士贡	河间人	举人	《爵秩全览》光绪元年夏
教谕	刘士贡	河间人	举人	《爵秩全览》光绪元年秋
教谕	刘 顼	河间人	举人	《缙绅全书》光绪二年秋

职官	人名	籍贯	出身	出处及在职时间
教谕	刘士贡	河间人	举人	《爵秩全览》光绪二年冬
教谕	刘士贡	河间人	举人	《缙绅全书》《中枢备览》光绪三年夏
教谕	刘 顼	河间人	举人	《缙绅全书》光绪三年秋
教谕	刘 顼	河间人	举人	《爵秩全览》光绪三年冬
教谕	张 俭	遵化州人	举人	《缙绅全书》《中枢备览》光绪四年秋
教谕	张 俭	遵化州人	举人	《爵秩全览》光绪四年冬
教谕	张 俭	遵化州人	举人	《缙绅全书》光绪五年春
教谕	张 俭	遵化州人	举人	《缙绅全书》光绪五年秋
教谕	张 俭	遵化州人	举人	《缙绅全书》《中枢备览》光绪五年冬

职官	人名	籍贯	出身	出处及在职时间
教谕	张　俭	遵化州人	举人	《缙绅全书》光绪七年春
教谕	张　俭	遵化州人	举人	《爵秩全览》光绪七年冬
教谕	张　俭	遵化州人	举人	《缙绅全书》光绪七年冬
教谕	张　俭	遵化州人	举人	《缙绅全书》光绪八年冬
教谕	于福泽	顺天府人	举人	《爵秩全览》光绪十年夏
教谕	于福泽	顺天府人	举人	《爵秩全览》光绪十年秋
教谕	于福泽	顺天府人	举人	《爵秩全览》光绪十一年春
教谕	于福泽	顺天府人	举人	《爵秩全览》光绪十一年夏
教谕	于福泽	顺天府人	举人	《爵秩全览》光绪十一年秋

职官	人名	籍贯	出身	出处及在职时间
教谕	于福泽	顺天府人	举人	《爵秩全览》光绪十二年夏
教谕	于福泽	顺天府人	举人	《缙绅全书》光绪十二年秋
教谕	于福泽	顺天府人	举人	《爵秩全览》光绪十三年春
教谕	于福泽	顺天府人	举人	《缙绅全书》《中枢备览》光绪十三年夏
教谕	于福泽	顺天府人	举人	《缙绅全书》光绪十三年冬
教谕	于福泽	顺天府人	举人	《缙绅全书》光绪十四年夏
教谕	于福泽	顺天府人	举人	《爵秩全览》光绪十四年冬
教谕	于福泽	顺天府人	举人	《爵秩全览》光绪十五年夏
教谕	于福泽	顺天府人	举人	《爵秩全览》光绪十五年秋

职官	人名	籍贯	出身	出处及在职时间
教谕	于福泽	顺天府人	举人	《爵秩全览》光绪十五年冬
教谕	于福泽	顺天府人	举人	《缙绅全书》光绪十六年春
教谕	于福泽	顺天府人	举人	《缙绅全书》光绪十六年冬
教谕	于福泽	顺天府人	举人	《爵秩全览》光绪十八年春
教谕	于福泽	顺天府人	举人	《爵秩全览》光绪十八年秋
教谕	于福泽	顺天府人	举人	《爵秩全览》光绪十八年冬
教谕	于福泽	顺天府人	举人	《缙绅全书》光绪十九年春
教谕	于福泽	顺天府人	举人	《爵秩全览》光绪十九年夏
教谕	于福泽	顺天府人	举人	《缙绅全书》光绪十九年冬

职官	人名	籍贯	出身	出处及在职时间
教谕	于福泽	顺天府人	举人	《缙绅全书》光绪十九年冬
教谕	于福泽	顺天府人	举人	《缙绅全书》《中枢备览》光绪二十年夏
教谕	于福泽	顺天府人	举人	《缙绅全书》《中枢备览》光绪二十年夏
教谕	于福泽	顺天府人	举人	《爵秩全览》光绪二十一年春
教谕	于福泽	顺天府人	举人	《爵秩全览》光绪二十一年春
教谕	于福泽	顺天府人	举人	《爵秩全览》光绪二十一年秋
教谕	于福泽	顺天府人	举人	《爵秩全览》光绪二十一年秋
教谕	于福泽	顺天府人	举人	《爵秩全览》光绪二十二年春
教谕	于福泽	顺天府人	举人	《爵秩全览》光绪二十二年春

职官	人名	籍贯	出身	出处及在职时间
教谕	于福泽	顺天府人	举人	《爵秩全览》光绪二十二年夏
教谕	于福泽	顺天府人	举人	《爵秩全览》光绪二十二年夏
教谕	于福泽	顺天府人	举人	《爵秩全览》光绪二十二年冬
教谕	于福泽	顺天府人	举人	《爵秩全览》光绪二十二年冬
教谕	于福泽	顺天府人	举人	《缙绅全书》《中枢备览》光绪二十三年秋
教谕	于福泽	顺天府人	举人	《缙绅全书》《中枢备览》光绪二十三年秋
教谕	于福泽	顺天府人	举人	《爵秩全览》光绪二十三年冬
教谕	于福泽	顺天府人	举人	《爵秩全览》光绪二十四年春
教谕	于福泽	顺天府人	举人	《爵秩全览》光绪二十四年秋

职官	人名	籍贯	出身	出处及在职时间
教谕	于福泽	顺天府人	举人	《爵秩全览》光绪二十四年冬
教谕	于福泽	顺天府人	举人	《缙绅全书》光绪二十四年冬
教谕	于福泽	顺天府人	举人	《爵秩全览》光绪二十五年春
教谕	于福泽	顺天府人	举人	《缙绅全书》《中枢备览》光绪二十五年春
教谕	于福泽	顺天府人	举人	《爵秩全览》光绪二十五年夏
教谕	于福泽	顺天府人	举人	《缙绅全书》光绪二十五年夏
教谕	于福泽	顺天府人	举人	《爵秩全览》光绪二十五年秋
教谕	于福泽	顺天府人	举人	《缙绅全书》《中枢备览》光绪二十五年冬
教谕	郭莲航	永平人	举人	《缙绅全书》《中枢备览》光绪二十六年春

职官	人名	籍贯	出身	出处及在职时间
教谕	郭莲舫	永平人	举人	《缙绅全书》光绪二十六年夏
教谕	郭莲舫	永平人	举人	《爵秩全览》光绪二十六年秋
教谕	郭莲舫	永平人	举人	《缙绅全书》光绪二十七年春
教谕	郭莲舫	永平人	举人	《爵秩全览》光绪二十七年冬
教谕	郭莲舫	永平人	举人	《缙绅全书》《中枢备览》光绪二十七年冬
教谕	郭莲舫	永平人	举人	《爵秩全览》光绪二十八年春
教谕	郭莲舫	永平人	举人	《缙绅全书》《中枢备览》《爵秩全览》光绪二十八年夏
教谕	郭莲舫	永平人	举人	《爵秩全览》光绪二十八年秋
教谕	郭莲舫	永平人	举人	《缙绅全书》《中枢备览》光绪二十八年冬

职官	人名	籍贯	出身	出处及在职时间
教谕	郭莲舫	永平人	举人	《爵秩全览》《缙绅全书》《中枢备览》光绪二十九年春
教谕	郭莲舫	永平人	举人	《缙绅全书》光绪二十九年夏
教谕	郭莲舫	永平人	举人	《爵秩全览》光绪二十九年秋
教谕	郭莲舫	永平人	举人	《缙绅全书》《中枢备览》光绪二十九年秋
教谕	郭莲舫	永平人	举人	《缙绅全书》《中枢备览》光绪二十九年冬
教谕	郭莲舫	永平人	举人	《缙绅全书》《中枢备览》光绪三十年春
教谕	郭莲舫	永平人	举人	《爵秩全览》光绪三十年夏
教谕	郭莲舫	永平人	举人	《缙绅全书》《中枢备览》光绪三十年夏
教谕	郭莲舫	永平人	举人	《缙绅全书》光绪三十年冬

职官	人名	籍贯	出身	出处及在职时间
教谕	郭莲舫	永平人	举人	《缙绅全书》《中枢备览》光绪三十一年春
教谕	郭莲舫	永平人	举人	《爵秩全览》光绪三十一年夏
教谕	郭莲舫	永平人	举人	《缙绅全书》《中枢备览》光绪三十一年夏
教谕	郭莲舫	永平人	举人	《爵秩全览》光绪三十一年秋
教谕	郭莲舫	永平人	举人	《爵秩全览》光绪三十一年冬
教谕	郭莲舫	永平人	举人	《爵秩全览》光绪三十二年春
教谕	郭莲舫	永平人	举人	《缙绅全书》《中枢备览》光绪三十二年春
教谕	郭莲舫	永平人	举人	《缙绅全书》光绪三十二年夏
教谕	郭莲舫	永平人	举人	《缙绅全书》光绪三十二年秋

职官	人名	籍贯	出身	出处及在职时间
教谕	郭莲舫	永平人	举人	《缙绅全书》光绪三十二年冬
教谕	郭莲舫	永平人	举人	《爵秩全览》光绪三十二年冬
教谕	郭莲舫	永平人	举人	《爵秩全览》光绪三十三年春
教谕	郭莲舫	永平人	举人	《爵秩全览》光绪三十三年秋
教谕	郭莲舫	永平人	举人	《爵秩全览》光绪三十三年秋
教谕	郭莲舫	永平人	举人	《爵秩全览》光绪三十四年春
教谕	郭莲舫	永平人	举人	《爵秩全览》光绪三十四年春
教谕	郭莲舫	永平人	举人	《爵秩全览》光绪三十四年夏
教谕	郭莲舫	永平人	举人	《爵秩全览》光绪三十四年冬

职官	人名	籍贯	出身	出处及在职时间
教谕	郭莲舫	永平人	举人	《爵秩全览》光绪三十四年冬
教谕	郭莲舫	永平人	举人	《爵秩全览》宣统元年夏
教谕	郭莲舫	永平人	举人	《爵秩全览》宣统元年夏
教谕	郭莲舫	永平人	举人	《爵秩全览》宣统元年冬
教谕	郭莲舫	永平人	举人	《爵秩全览》宣统元年冬
教谕	郭莲舫	永平人	举人	《缙绅全书》宣统元年冬
教谕	郭莲舫	永平人	举人	《爵秩全览》宣统二年春
教谕	郭莲舫	永平人	举人	《爵秩全览》宣统二年夏
教谕	郭莲舫	永平人	举人	《爵秩全览》宣统二年秋

职官	人名	籍贯	出身	出处及在职时间
教谕	郭莲舫	永平人	举人	《爵秩全览》宣统二年冬
教谕	郭莲舫	永平人	举人	《爵秩全览》宣统三年春
教谕	郭莲舫	永平人	举人	《爵秩全览》宣统三年夏
教谕	郭莲舫	永平人	举人	《爵秩全览》宣统三年秋
教谕	郭莲舫	永平人	举人	《职官录》宣统三年冬
教谕	郭莲舫	永平人	举人	《职官录》宣统四年春

管河县丞

职官	人名	籍贯	出身	出处及在职时间
管河县丞	罗鸿远	镶白旗人	监生	《缙绅新书》乾隆十三年春

职官	人名	籍贯	出身	出处及在职时间
管河县丞	王镛	顺天人	监生	《缙绅全本》乾隆二十五年冬
管河县丞	朱澜	江苏人	保举	《缙绅全本》乾隆二十六年秋
管河县丞	黄□□	大兴人	监生	《爵秩全本》乾隆三十年冬
管河县丞	吕奎櫂	四川人	例监	《爵秩全本》乾隆三十三年秋
管河县丞	高思傅	浙江山阴人	监生	《缙绅全书》《中枢备览》乾隆四十二年秋
管河县丞	翟梦云	浙江仁和人	监生	《缙绅全书》《中枢备览》乾隆五十三年春
管河县丞	钱复	湖北嘉兴人	监生	《缙绅全书》嘉庆元年春
管河县丞	韩宪会	江苏江宁人	议叙	《缙绅全书》嘉庆二年冬
管河县丞	韩宪会	江苏江宁人	议叙	《缙绅全书》嘉庆三年秋
管河县丞	韩宪会	江苏江宁人	议叙	《缙绅全书》嘉庆三年冬

职官	人名	籍贯	出身	出处及在职时间
管河县丞	沈 桐	浙江秀水人	监生	《缙绅全书》嘉庆五年冬
管河县丞	沈 桐	浙江秀水人	监生	《缙绅全书》嘉庆九年春
管河县丞	沈 桐	浙江秀水人	监生	《缙绅全书》《中枢备览》嘉庆十一年春
管河县丞	姜臣斌	江苏元和人	监生	《缙绅全书》嘉庆十七年秋
管河县丞	陈于嘉	安徽广德州人	监生	《缙绅全书》嘉庆二十一年冬
管河县丞	陈于嘉	安徽广德州人	监生	《缙绅全书》嘉庆二十二年春
管河县丞	陈于嘉	安徽广德州人	监生	《缙绅全书》（大）嘉庆二十二年冬
管河县丞	陈于嘉	安徽广德州人	监生	《缙绅全书》（小）嘉庆二十二年冬
管河县丞	陈于嘉	安徽广德州人	监生	《缙绅全书》嘉庆二十五年夏

职官	人名	籍贯	出身	出处及在职时间
管河县丞	王仲蔺	江苏吴县人	监生	《缙绅全书》《中枢备览》道光四年夏
管河县丞	王仲蔺	江苏吴县人	监生	《缙绅全书》道光四年夏
管河县丞	杨夔生	江苏金匮人	监生	《爵秩全览》道光六年秋
管河县丞	杨庆生	江苏金匮人	监生	《缙绅全书》道光七年春
管河县丞	沈炳章	浙江仁和人	监生	《缙绅全书》道光七年春

复设训导

职官	人名	籍贯	出身	出处及在职时间
复设训导	吴道一	保定人	岁贡	《缙绅新书》乾隆十三年春
复设训导	马勤	永年人	岁贡	《缙绅全本》乾隆二十五年冬

职官	人名	籍贯	出身	出处及在职时间
复设训导	崔楷元	大名人	廪贡	《缙绅全本》乾隆二十六年秋
复设训导	崔楷元	大名人	廪贡	《缙绅全书》乾隆三十年春
复设训导	崔楷元	大名人	廪贡	《爵秩全本》乾隆三十年冬
复设训导	崔楷元	大名人	廪贡	《爵秩全本》乾隆三十三年秋
复设训导	傅培植	密云人	廪贡	《缙绅全书》《中枢备览》乾隆四十二年秋
复设训导	傅培植	密云人	廪贡	《缙绅全书》《中枢备览》乾隆五十三年春
复设训导	刘懿正	河间人	岁贡	《缙绅全书》嘉庆元年春
复设训导	刘懿正	河间人	岁贡	《缙绅全书》嘉庆二年冬
复设训导	刘懿正	河间人	岁贡	《缙绅全书》嘉庆三年秋

职官	人名	籍贯	出身	出处及在职时间
复设训导	刘懿正	河间人	岁贡	《缙绅全书》嘉庆三年冬
复设训导	刘懿正	河间人	岁贡	《缙绅全书》嘉庆五年冬
复设训导	刘懿正	河间人	岁贡	《缙绅全书》嘉庆九年春
复设训导	刘懿正	河间人	岁贡	《缙绅全书》《中枢备览》嘉庆十一年春
复设训导	任殿交	宜化人	举人	《缙绅全书》嘉庆十七年秋
复设训导	任殿交	宜化人	举人	《缙绅全书》嘉庆二十一年冬
复设训导	任殿交	宜化人	举人	《缙绅全书》嘉庆二十二年春
复设训导	任殿交	宜化人	举人	《缙绅全书》（大）嘉庆二十二年冬

职官	人名	籍贯	出身	出处及在职时间
复设训导	任殿交	宣化人	举人	《缙绅全书》（小）嘉庆二十二年冬
复设训导	任殿交	宣化人	举人	《缙绅全书》嘉庆二十五年夏
复设训导	王 瀚	顺天人	岁贡	《缙绅全书》《中枢备览》道光四年夏
复设训导	王 瀚	顺天人	岁贡	《缙绅全书》道光四年夏
复设训导	王 瀚	顺天人	岁贡	《爵秩全览》道光六年秋
复设训导	王 瀚	顺天人	岁贡	《缙绅全书》道光七年春
复设训导	王 瀚	顺天人	岁贡	《缙绅全书》道光七年春
复设训导	王 瀚	顺天人	岁贡	《缙绅全书》《中枢备览》道光十三年夏
复设训导	王 瀚	顺天人	岁贡	《缙绅全书》道光十四年夏

职官	人名	籍贯	出身	出处及在职时间
复设训导	王　瀚	顺天人	岁贡	《缙绅全书》道光十四年夏
复设训导	王　瀚	顺天人	岁贡	《缙绅全书》道光十六年秋
复设训导	王　瀚	顺天人	岁贡	《缙绅全书》《中枢备览》道光十六年冬
复设训导	王　瀚	顺天人	岁贡	《缙绅全书》道光十七年秋
复设训导	王　瀚	顺天人	岁贡	《缙绅全书》道光十八年夏
复设训导	王　瀚	顺天人	岁贡	《缙绅全书》《爵秩全览》道光十九年夏
复设训导	吴骏声	永平人	举人	《民国雄县新志》《缙绅全书》道光二十年秋

备注：民国《雄县新志》载其为籍贯临榆。

职官	人名	籍贯	出身	出处及在职时间
复设训导	吴骏声	永平人	举人	《缙绅全书》道光二十年冬
复设训导	吴骏声	永平人	举人	《缙绅全书》《中枢备览》道光二十二年春
复设训导	吴骏声	永平人	举人	《缙绅全书》道光二十二年冬
复设训导	陈　润	天津人	贡生	《缙绅全书》道光二十五年夏
复设训导	陈　润	天津人	贡生	《缙绅全书》道光二十五年秋
复设训导		顺天人	附生	《爵秩全览》道光二十六年
复设训导	瞿嘉福	顺天人	附生	《缙绅全书》道光二十七年夏
复设训导	瞿嘉福	顺天人	附生	《缙绅全书》道光二十七年秋

职官	人名	籍贯	出身	出处及在职时间
复设训导	瞿嘉福	顺天人	附生	《缙绅全书》道光二十九年夏
复设训导	瞿嘉福	顺天人	附生	《缙绅全书》道光二十九年夏
复设训导	瞿嘉福	顺天人	附生	《缙绅全书》道光二十九年夏
复设训导	瞿嘉福	顺天人	附生	《缙绅全书》咸丰三年夏
复设训导	瞿嘉福	顺天人	附生	《缙绅全书》咸丰三年夏
复设训导	瞿嘉福	顺天人	附生	《缙绅全书》咸丰三年夏
复设训导	陈　润	天津人	贡生	《缙绅全书》咸丰四年春
复设训导	瞿嘉福	顺天人	附生	《缙绅全书》咸丰四年

职官	人名	籍贯	出身	出处及在职时间
复设训导	倪 炊	永平府人	拔贡	《缙绅全书》咸丰六年夏
复设训导	倪 炊	永平府人	拔贡	《缙绅全书》咸丰六年春
复设训导	高 山	冀州人	拔贡	《缙绅全书》咸丰九年夏
复设训导	高 山	冀州人	拔贡	《缙绅全书》咸丰十年秋
复设训导	高 山	冀州人	拔贡	《缙绅全书》咸丰十年
复设训导	沈 钧	顺天人	增贡	《民国雄县新志》《缙绅全书》同治四年夏
备注：民国《雄县新志》载其籍贯为通州。				
复设训导	沈 钧	顺天人	增贡	《缙绅全书》同治五年春

职官	人名	籍贯	出身	出处及在职时间
复设训导	沈　钧	顺天人	增贡	《爵秩全览》同治六年春
复设训导	沈　钧	顺天人	增贡	《缙绅全书》同治六年春
复设训导	沈　钧	顺天人	增贡	《缙绅全书》同治六年秋
复设训导	沈　钧	顺天人	增贡	《缙绅全书》同治八年春
复设训导	沈　钧	顺天人	增贡	《缙绅全书》同治八年冬
复设训导	沈　钧	顺天人	增贡	《爵秩全览》同治九年春
复设训导	沈　钧	顺天人	增贡	《缙绅全书》同治九年夏
复设训导	沈　钧	顺天人	增贡	《爵秩全览》同治九年秋
复设训导	沈　钧	顺天人	增贡	《缙绅全书》同治九年冬

职官	人名	籍贯	出身	出处及在职时间
复设训导	沈　钧	顺天人	增贡	《缙绅全书》同治十年春
复设训导	沈　钧	顺天人	增贡	《缙绅全书》同治十年夏
复设训导	苏成龙	河间人	廪生	《缙绅全书》同治十一年夏
复设训导	苏成龙	河间人	廪生	《缙绅全书》《中枢备览》同治十一年秋
复设训导	苏成龙	河间人	廪生	《缙绅全书》同治十二年冬
复设训导	苏成龙	河间人	廪生	《缙绅全书》同治十三年春
复设训导	苏成龙	河间人	廪生	《爵秩全览》同治十三年夏
复设训导	苏成龙	河间人	廪生	《缙绅全书》同治十三年秋
复设训导	苏成龙	河间人	廪生	《缙绅全书》同治十三年冬

职官	人名	籍贯	出身	出处及在职时间
复设训导	苏成龙	河间人	廪生	《爵秩全览》同治十三年冬
复设训导	苏成龙	河间人	廪生	《缙绅全书》《中枢备览》同治十三年冬
复设训导	苏成龙	河间人	廪生	《爵秩全览》光绪元年夏
复设训导	苏成龙	河间人	廪生	《爵秩全览》光绪元年秋
复设训导	苏成龙	河间人	廪生	《缙绅全书》光绪二年秋
复设训导	苏成龙	河间人	廪生	《爵秩全览》光绪二年冬
复设训导	苏成龙	河间人	廪生	《缙绅全书》《中枢备览》光绪三年夏
复设训导	苏成龙	河间人	廪生	《缙绅全书》光绪三年秋
复设训导	苏成龙	河间人	廪生	《爵秩全览》光绪三年冬

职官	人名	籍贯	出身	出处及在职时间
复设训导	苏成龙	河间人	廪生	《缙绅全书》《中枢备览》光绪四年秋
复设训导	苏成龙	河间人	廪生	《爵秩全览》光绪四年冬
复设训导	苏成龙	河间人	廪生	《缙绅全书》光绪五年春
复设训导	苏成龙	河间人	廪生	《缙绅全书》光绪五年秋
复设训导	苏成龙	河间人	廪生	《缙绅全书》《中枢备览》光绪五年冬
复设训导	王荫棠	顺德府人	拔贡	《缙绅全书》光绪七年春
复设训导	王荫棠	顺德府人	拔贡	《爵秩全览》光绪七年冬
复设训导	王荫棠	顺德府人	拔贡	《缙绅全书》光绪七年冬
复设训导	王荫棠	顺德府人	拔贡	《缙绅全书》光绪八年冬

职官	人名	籍贯	出身	出处及在职时间
复设训导	王荫棠	顺德府人	拔贡	《爵秩全览》光绪十年夏
复设训导	王荫棠	顺德府人	拔贡	《爵秩全览》光绪十年秋
复设训导	王荫棠	顺德府人	拔贡	《爵秩全览》光绪十一年春
复设训导	王荫棠	顺德府人	拔贡	《爵秩全览》光绪十一年夏
复设训导	王荫棠	顺德府人	拔贡	《爵秩全览》光绪十一年秋
复设训导	王荫棠	顺德府人	拔贡	《爵秩全览》光绪十二年夏
复设训导	王荫棠	顺德府人	拔贡	《缙绅全书》光绪十二年秋
复设训导	王荫棠	顺德府人	拔贡	《爵秩全览》光绪十三年春
复设训导	王荫棠	顺德府人	拔贡	《缙绅全书》《中枢备览》光绪十三年夏

职官	人名	籍贯	出身	出处及在职时间
复设训导	王荫棠	顺德府人	拔贡	《缙绅全书》光绪十三年冬
复设训导	王荫棠	顺德府人	拔贡	《缙绅全书》光绪十四年夏
复设训导	王荫棠	顺德府人	拔贡	《爵秩全览》光绪十四年冬
复设训导	王荫棠	顺德府人	拔贡	《爵秩全览》光绪十五年夏
复设训导	王荫棠	顺德府人	拔贡	《爵秩全览》光绪十五年秋
复设训导	王荫棠	顺德府人	拔贡	《爵秩全览》光绪十五年冬
复设训导	王荫棠	顺德府人	拔贡	《缙绅全书》光绪十六年春
复设训导	王荫棠	顺德府人	拔贡	《缙绅全书》光绪十六年冬
复设训导	范春林	定州人	廪贡	《爵秩全览》光绪十八年春

职官	人名	籍贯	出身	出处及在职时间
复设训导	范春林	定州人	廪贡	《爵秩全览》光绪十八年秋
复设训导	范春林	定州人	廪贡	《爵秩全览》光绪十八年冬
复设训导	范春林	定州人	廪贡	《缙绅全书》光绪十九年春
复设训导	范春林	定州人	廪贡	《爵秩全览》光绪十九年夏
复设训导	范春林	定州人	廪贡	《缙绅全书》光绪十九年冬
复设训导	范春林	定州人	廪贡	《缙绅全书》光绪十九年冬
复设训导	范春林	定州人	廪贡	《缙绅全书》《中枢备览》光绪二十年夏
复设训导	范春林	定州人	廪贡	《缙绅全书》《中枢备览》光绪二十年夏
复设训导	范春林	定州人	廪贡	《爵秩全览》光绪二十一年春

职官	人名	籍贯	出身	出处及在职时间
复设训导	范春林	定州人	廪贡	《爵秩全览》光绪二十一年春
复设训导	范春林	定州人	廪贡	《爵秩全览》光绪二十一年秋
复设训导	范春林	定州人	廪贡	《爵秩全览》光绪二十二年春
复设训导	范春林	定州人	廪贡	《爵秩全览》光绪二十二年春
复设训导	范春林	定州人	廪贡	《爵秩全览》光绪二十二年夏
复设训导	范春林	定州人	廪贡	《爵秩全览》光绪二十二年夏
复设训导	范春林	定州人	廪贡	《爵秩全览》光绪二十二年冬
复设训导	范春林	定州人	廪贡	《爵秩全览》光绪二十二年冬
复设训导	范春林	定州人	廪贡	《缙绅全书》《中枢备览》光绪二十三年秋

职官	人名	籍贯	出身	出处及在职时间
复设训导	范春林	定州人	廪贡	《缙绅全书》《中枢备览》光绪二十三年秋
复设训导	范春林	定州人	廪贡	《爵秩全览》光绪二十三年冬
复设训导	范春林	定州人	廪贡	《爵秩全览》光绪二十四年春
复设训导	范春林	定州人	廪贡	《爵秩全览》光绪二十四年秋
复设训导	范春林	定州人	廪贡	《爵秩全览》光绪二十四年冬
复设训导	范春林	定州人	廪贡	《缙绅全书》光绪二十四年冬
复设训导	范春林	定州人	廪贡	《爵秩全览》光绪二十五年春
复设训导	范春林	定州人	廪贡	《缙绅全书》《中枢备览》光绪二十五年春
复设训导	范春林	定州人	廪贡	《爵秩全览》光绪二十五年夏

职官	人名	籍贯	出身	出处及在职时间
复设训导	范春林	定州人	廪贡	《缙绅全书》光绪二十五年夏
复设训导	范春林	定州人	廪贡	《爵秩全览》光绪二十五年秋
复设训导	范春林	定州人	廪贡	《缙绅全书》《中枢备览》光绪二十五年冬
复设训导	范春林	定州人	廪贡	《缙绅全书》《中枢备览》光绪二十六年春
复设训导	范春林	定州人	廪贡	《缙绅全书》光绪二十六年夏
复设训导	范春林	定州人	廪贡	《爵秩全览》光绪二十六年秋
复设训导	范春林	定州人	廪贡	《缙绅全书》光绪二十七年春
复设训导	范春林	定州人	廪贡	《爵秩全览》光绪二十七年冬
复设训导	范春林	定州人	廪贡	《缙绅全书》《中枢备览》光绪二十七年冬

职官	人名	籍贯	出身	出处及在职时间
复设训导	范春林	定州人	廪贡	《爵秩全览》光绪二十八年春
复设训导	范春林	定州人	廪贡	《缙绅全书》《中枢备览》《爵秩全览》光绪二十八年夏
复设训导	范春林	定州人	廪贡	《爵秩全览》光绪二十八年秋
复设训导	范春林	定州人	廪贡	《缙绅全书》《中枢备览》光绪二十八年冬
复设训导	范春林	定州人	廪贡	《爵秩全览》《缙绅全书》《中枢备览》光绪二十九年春
复设训导	范春林	定州人	廪贡	《缙绅全书》光绪二十九年夏
复设训导	范春林	定州人	廪贡	《爵秩全览》光绪二十九年秋
复设训导	范春林	定州人	廪贡	《缙绅全书》《中枢备览》光绪二十九年秋
复设训导	范春林	定州人	廪贡	《缙绅全书》《中枢备览》光绪二十九年冬

职官	人名	籍贯	出身	出处及在职时间
复设训导	范春林	定州人	廪贡	《缙绅全书》《中枢备览》光绪三十年春
复设训导	范春林	定州人	廪贡	《爵秩全览》光绪三十年夏
复设训导	范春林	定州人	廪贡	《缙绅全书》《中枢备览》光绪三十年夏
复设训导	范春林	定州人	廪贡	《缙绅全书》光绪三十年冬
复设训导	范春林	定州人	廪贡	《缙绅全书》《中枢备览》光绪三十一年春
复设训导	李广生	顺天府人	举人	《爵秩全览》光绪三十一年夏
复设训导	李广生	顺天府人	举人	《缙绅全书》《中枢备览》光绪三十一年夏
复设训导	李广生	顺天府人	举人	《爵秩全览》光绪三十一年秋
复设训导	李广生	顺天府人	举人	《爵秩全览》光绪三十一年冬

职官	人名	籍贯	出身	出处及在职时间
复设训导	李广生	顺天府人	举人	《爵秩全览》光绪三十二年春
复设训导	李广生	顺天府人	举人	《缙绅全书》《中枢备览》光绪三十二年春
复设训导	李广生	顺天府人	举人	《缙绅全书》光绪三十二年夏
复设训导	李广生	顺天府人	举人	《缙绅全书》光绪三十二年秋
复设训导	李广生	顺天府人	举人	《缙绅全书》光绪三十二年冬
复设训导	李广生	顺天府人	举人	《爵秩全览》光绪三十二年冬
复设训导	李广生	顺天府人	举人	《爵秩全览》光绪三十三年春
复设训导	李广生	顺天府人	举人	《爵秩全览》光绪三十三年秋
复设训导	李广生	顺天府人	举人	《爵秩全览》光绪三十三年秋

职官	人名	籍贯	出身	出处及在职时间
复设训导	李广生	顺天府人	举人	《爵秩全览》光绪三十四年春
复设训导	李广生	顺天府人	举人	《爵秩全览》光绪三十四年春
复设训导	李广生	顺天府人	举人	《爵秩全览》光绪三十四年夏
复设训导	李广生	顺天府人	举人	《爵秩全览》光绪三十四年冬
复设训导	李广生	顺天府人	举人	《爵秩全览》光绪三十四年冬
复设训导	李广生	顺天府人	举人	《爵秩全览》宣统元年夏
复设训导	李广生	顺天府人	举人	《爵秩全览》宣统元年夏
复设训导	李广生	顺天府人	举人	《爵秩全览》宣统元年冬
复设训导	李广生	顺天府人	举人	《爵秩全览》宣统元年冬

职官	人名	籍贯	出身	出处及在职时间
复设训导	李广生	顺天府人	举人	《缙绅全书》宣统元年冬
复设训导	李广生	顺天府人	举人	《爵秩全览》宣统二年春
复设训导	李广生	顺天府人	举人	《爵秩全览》宣统二年夏
复设训导	李广生	顺天府人	举人	《爵秩全览》宣统二年秋
复设训导	李广生	顺天府人	举人	《爵秩全览》宣统二年冬
复设训导	李广生	顺天府人	举人	《爵秩全览》宣统三年春
复设训导	李广生	顺天府人	举人	《爵秩全览》宣统三年夏
复设训导	李广生	顺天府人	举人	《爵秩全览》宣统三年秋

职官	人名	籍贯	出身	出处及在职时间
复设训导	李广生	顺天府人	举人	《职官录》宣统三年冬
复设训导	李广生	顺天府人	举人	《职官录》宣统四年春

藩　司

职官	人名	籍贯	出身	出处及在职时间
藩司	钱鼎铭			《曾文正公年谱》（光绪二年刻本）同治年间

队　官

职官	人名	籍贯	出身	出处及在职时间
队官	何邦彦			《雄县乡土志》光绪年间

典　史

职官	人名	籍贯	出身	出处及在职时间
典史	崔钟玺	肤施人	吏员	《民国雄县新志》顺治元年
典史	孙绳武	黄安人	吏员	《民国雄县新志》顺治十二年
典史	周　杰	富平人	吏员	《民国雄县新志》顺治十六年
典史	王钰贞	蒲州人	吏员	《民国雄县新志》康熙四年
典史	陈自立	绍兴人	吏员	《民国雄县新志》康熙六年
典史	万嘉言	湖北江陵人		《缙绅新书》乾隆十三年春
典史	包文元	浙江会稽人		《缙绅全本》乾隆二十五年冬

职官	人名	籍贯	出身	出处及在职时间
典史	包文元	浙江会稽人		《缙绅全本》乾隆二十六年秋
典史	包文元	浙江会稽人		《缙绅全书》乾隆三十年春
典史	包文元	浙江会稽人		《爵秩全本》乾隆三十三年秋
典史	戴师点	江苏吴县人	监生	《缙绅全书》《中枢备览》乾隆四十二年秋
典史	赵士瀛	浙江山阴人	监生	《缙绅全书》嘉庆九年春
典史	赵士瀛	浙江山阴人	监生	《缙绅全书》《中枢备览》嘉庆十一年春
典史	赵士瀛	浙江山阴人	监生	《缙绅全书》嘉庆十一年夏
典史	赵士瀛	浙江山阴人	监生	《缙绅全书》嘉庆十七年秋
典史	赵士瀛	浙江山阴人	监生	《缙绅全书》嘉庆二十一年冬

职官	人名	籍贯	出身	出处及在职时间
典史	赵士瀛	浙江山阴人	监生	《缙绅全书》嘉庆二十二年春
典史	赵士瀛	浙江山阴人	监生	《缙绅全书》（大）《缙绅全书》（小）嘉庆二十二年冬
典史	赵士瀛	浙江山阴人	监生	《缙绅全书》嘉庆二十五年夏
典史	侯用吉	江苏金匮人	监生	《缙绅全书》《中枢备览》道光四年夏
典史	侯用吉	江苏金匮人	监生	《缙绅全书》道光四年夏
典史	侯用吉	江苏金匮人	监生	《爵秩全览》道光六年秋
典史		江苏金匮人	监生	《缙绅全书》道光七年春
典史	李 和	浙江山阴人	监生	《缙绅全书》道光七年春
典史	李 和	浙江山阴人	监生	《缙绅全书》《中枢备览》道光十三年夏

职官	人名	籍贯	出身	出处及在职时间
典史	李　和	浙江山阴人	监生	《缙绅全书》道光十四年夏
典史	李　和	浙江山阴人	监生	《缙绅全书》道光十四年夏
典史	李　和	浙江山阴人	监生	《缙绅全书》道光十六年秋
典史	李　和	浙江山阴人	监生	《缙绅全书》《中枢备览》道光十六年冬
典史	李　和	浙江山阴人	监生	《缙绅全书》道光十七年秋
典史	李　和	浙江山阴人	监生	《缙绅全书》道光十八年夏
典史	李　和	浙江山阴人	监生	《缙绅全书》《爵秩全览》道光十九年夏
典史	练朝桢	福建武平人	监生	《缙绅全书》道光二十年秋
典史	练朝桢	福建武平人	监生	《缙绅全书》道光二十年冬

职官	人名	籍贯	出身	出处及在职时间
典史	练朝桢	福建武平人	监生	《缙绅全书》《中枢备览》道光二十二年春
典史	王廷祥	奉天承德人	监生	《缙绅全书》道光二十二年冬
典史	汪正泉	湖南沅陵人	监生	《缙绅全书》道光二十五年夏
典史	汪正泉	湖南沅陵人	监生	《缙绅全书》道光二十五年秋
典史	汪正泉	湖南沅陵人	监生	《爵秩全览》道光二十六年
典史	汪正泉	湖南沅陵人	监生	《缙绅全书》道光二十七年夏
典史	汪正泉	湖南沅陵人	监生	《缙绅全书》道光二十七年秋
典史	汪正泉	湖南沅陵人	监生	《缙绅全书》道光二十九年夏

职官	人名	籍贯	出身	出处及在职时间
典史	汪正泉	湖南沅陵人	监生	《缙绅全书》道光二十九年夏
典史	汪正泉	湖南沅陵人	监生	《缙绅全书》道光二十九年夏
典史	裴廷彦			《民国雄县新志》道光年间
典史	汪正泉	湖南沅陵人	监生	《缙绅全书》咸丰三年夏
典史	汪正泉	湖南沅陵人	监生	《缙绅全书》咸丰三年夏
典史		湖南沅陵人	监生	《缙绅全书》咸丰三年夏
典史	汪正泉	湖南沅陵人	监生	《缙绅全书》咸丰四年春
典史	汪正泉	湖南沅陵人	监生	《缙绅全书》咸丰四年

职官	人名	籍贯	出身	出处及在职时间
典史	王本铺	山东长山人	监生	《缙绅全书》咸丰六年春
典史	王本铺	山东长山人	监生	《缙绅全书》咸丰六年夏
典史	陶圣林	山东人	监生	《爵秩全览》咸丰七年冬
典史	蔡鸿昌	湖南长沙人	职员	《缙绅全书》咸丰九年夏
典史	蔡鸿昌	湖南长沙人	职员	《缙绅全书》咸丰十年秋
典史	蔡鸿昌	湖南长沙人	职员	《缙绅全书》咸丰十年
典史	冯震	浙江山阴人	监生	《缙绅全书》同治四年夏
典史	冯震	浙江山阴人	监生	《缙绅全书》同治五年春

职官	人名	籍贯	出身	出处及在职时间
典史	冯　震	浙江山阴人	监生	《爵秩全览》同治六年春
典史	冯　震	浙江山阴人	监生	《缙绅全书》同治六年春
典史	冯　震	浙江山阴人	监生	《缙绅全书》同治六年秋
典史	冯　震	浙江山阴人	监生	《缙绅全书》同治八年春
典史	冯　震	浙江山阴人	监生	《缙绅全书》同治八年冬
典史	冯　震	浙江山阴人	监生	《爵秩全览》同治九年春
典史	冯　震	浙江山阴人	监生	《缙绅全书》同治九年夏
典史	冯　震	浙江山阴人	监生	《爵秩全览》同治九年秋

职官	人名	籍贯	出身	出处及在职时间
典史	冯 震	浙江山阴人	监生	《缙绅全书》同治九年冬
典史	冯 震	浙江山阴人	监生	《缙绅全书》同治十年春
典史	冯 震	浙江山阴人	监生	《缙绅全书》同治十年夏
典史	冯 震	浙江山阴人	监生	《缙绅全书》同治十一年夏
典史	冯 震	浙江山阴人	监生	《缙绅全书》《中枢备览》同治十一年秋
典史	冯 震	浙江山阴人	监生	《缙绅全书》同治十二年冬
典史	冯 震	浙江山阴人	监生	《缙绅全书》同治十三年春
典史	冯 震	浙江山阴人	监生	《爵秩全览》同治十三年夏
典史	冯 震	浙江山阴人	监生	《缙绅全书》同治十三年秋

职官	人名	籍贯	出身	出处及在职时间
典史	冯 震	浙江山阴人	监生	《缙绅全书》同治十三年冬
典史	冯 震	浙江山阴人	监生	《爵秩全览》同治十三年冬
典史	冯 震	浙江山阴人	监生	《缙绅全书》《中枢备览》同治十三年冬
典史	王庶敏	云南人	监生	《民国雄县新志》光绪元年
典史	荘 濠	江苏人	监生	《民国雄县新志》光绪元年
典史	冯 震	浙江山阴人	监生	《爵秩全览》光绪元年夏
典史	冯 震	浙江山阴人	监生	《爵秩全览》光绪元年秋
典史	冯 震	浙江山阴人	监生	《缙绅全书》光绪二年秋
典史	叶重庆	静宁人	监生	《民国雄县新志》光绪三年

职官	人名	籍贯	出身	出处及在职时间
典史	龚兆麒	浙江山阴人	监生	《缙绅全书》《中枢备览》光绪三年夏
典史	龚兆麒	浙江山阴人	监生	《缙绅全书》光绪三年秋
典史	龚兆麒	浙江山阴人	监生	《爵秩全览》光绪三年冬
典史	龚兆麒	浙江山阴人	监生	《缙绅全书》《中枢备览》光绪四年秋
典史	龚兆麒	浙江山阴人	监生	《爵秩全览》光绪四年冬
典史	龚兆麒	浙江山阴人	监生	《缙绅全书》光绪五年春
典史	龚兆麒	浙江山阴人	监生	《缙绅全书》光绪五年秋
典史	龚兆麒	浙江山阴人	监生	《缙绅全书》《中枢备览》光绪五年冬
典史	龚兆麒	浙江山阴人	监生	《缙绅全书》光绪七年春

职官	人名	籍贯	出身	出处及在职时间
典史	龚兆麒	浙江山阴人	监生	《爵秩全览》光绪七年冬
典史	龚兆麒	浙江山阴人	监生	《缙绅全书》光绪七年冬
典史	龚兆麒	浙江山阴人	监生	《缙绅全书》光绪八年冬
典史	龚兆麒	浙江山阴人	监生	《爵秩全览》光绪十年夏
典史	龚兆麒	浙江山阴人	监生	《爵秩全览》光绪十年秋
典史	龚兆麒	浙江山阴人	监生	《爵秩全览》光绪十一年春
典史	龚兆麒	浙江山阴人	监生	《爵秩全览》光绪十一年夏
典史	龚兆麒	浙江山阴人	监生	《爵秩全览》光绪十一年秋
典史	龚兆麒	浙江山阴人	监生	《爵秩全览》光绪十二年夏

职官	人名	籍贯	出身	出处及在职时间
典史	龚兆麒	浙江山阴人	监生	《缙绅全书》光绪十二年秋
典史	龚兆麒	浙江山阴人	监生	《爵秩全览》光绪十三年春
典史	龚兆麒	浙江山阴人	监生	《缙绅全书》《中枢备览》光绪十三年夏
典史	龚兆麒	浙江山阴人	监生	《缙绅全书》光绪十三年冬
典史	龚兆麒	浙江山阴人	监生	《缙绅全书》光绪十四年夏
典史	龚兆麒	浙江山阴人	监生	《爵秩全览》光绪十四年冬
典史	龚兆麒	浙江山阴人	监生	《爵秩全览》光绪十五年夏
典史	龚兆麒	浙江山阴人	监生	《爵秩全览》光绪十五年秋
典史	龚兆麒	浙江山阴人	监生	《爵秩全览》光绪十五年冬

职官	人名	籍贯	出身	出处及在职时间
典史	龚兆麒	浙江山阴人	监生	《缙绅全书》光绪十六年春
典史	龚兆麒	浙江山阴人	监生	《缙绅全书》光绪十六年冬
典史	龚兆麒	浙江山阴人	监生	《爵秩全览》光绪十八年春
典史	龚兆麒	浙江山阴人	监生	《爵秩全览》光绪十八年秋
典史	龚兆麒	浙江山阴人	监生	《爵秩全览》光绪十八年冬
典史	龚兆麒	浙江山阴人	监生	《缙绅全书》光绪十九年春
典史	龚兆麒	浙江山阴人	监生	《爵秩全览》光绪十九年夏
典史	袭兆麟	浙江山阴人	监生	《缙绅全书》光绪十九年冬
典史	袭兆麟	浙江山阴人	监生	《缙绅全书》光绪十九年冬

职官	人名	籍贯	出身	出处及在职时间
典史	袭兆麟	浙江山阴人	监生	《缙绅全书》《中枢备览》光绪二十年夏
典史	袭兆麟	浙江山阴人	监生	《缙绅全书》《中枢备览》光绪二十年夏
典史	袭兆麟	浙江山阴人	监生	《爵秩全览》光绪二十一年春
典史	袭兆麟	浙江山阴人	监生	《爵秩全览》光绪二十一年春
典史	朱禄魁	浙江山阴人	供事	《爵秩全览》光绪二十一年秋
典史	朱禄魁	浙江山阴人	供事	《爵秩全览》光绪二十二年春
典史	朱禄魁	浙江山阴人	供事	《爵秩全览》光绪二十二年春
典史	朱禄魁	浙江山阴人	供事	《爵秩全览》光绪二十二年夏
典史	朱禄魁	浙江山阴人	供事	《爵秩全览》光绪二十二年夏

职官	人名	籍贯	出身	出处及在职时间
典史	朱禄魁	浙江山阴人	供事	《爵秩全览》光绪二十二年冬
典史	朱禄魁	浙江山阴人	供事	《爵秩全览》光绪二十二年冬
典史	朱禄魁	浙江山阴人	供事	《缙绅全书》《中枢备览》光绪二十三年秋
典史	朱禄魁	浙江山阴人	供事	《缙绅全书》《中枢备览》光绪二十三年秋
典史	朱禄魁	浙江山阴人	供事	《爵秩全览》光绪二十三年冬
典史	朱禄魁	浙江山阴人	供事	《爵秩全览》光绪二十四年春
典史	朱禄魁	浙江山阴人	供事	《爵秩全览》光绪二十四年秋
典史	朱禄魁	浙江山阴人	供事	《爵秩全览》光绪二十四年冬
典史	朱禄魁	浙江山阴人	供事	《缙绅全书》光绪二十四年冬

职官	人名	籍贯	出身	出处及在职时间
典史	朱禄魁	浙江山阴人	供事	《爵秩全览》光绪二十五年春
典史	朱禄魁	浙江山阴人	供事	《缙绅全书》《中枢备览》光绪二十五年春
典史	朱禄魁	浙江山阴人	供事	《爵秩全览》光绪二十五年夏
典史	朱禄魁	浙江山阴人	供事	《缙绅全书》光绪二十五年夏
典史	朱禄魁	浙江山阴人	供事	《爵秩全览》光绪二十五年秋
典史	朱禄魁	浙江山阴人	供事	《缙绅全书》《中枢备览》光绪二十五年冬
典史	朱禄魁	浙江山阴人	供事	《缙绅全书》《中枢备览》光绪二十六年春
典史	朱禄魁	浙江山阴人	供事	《缙绅全书》光绪二十六年夏
典史	朱禄魁	浙江山阴人	供事	《爵秩全览》光绪二十六年秋

职官	人名	籍贯	出身	出处及在职时间
典史	朱禄魁	浙江山阴人	供事	《缙绅全书》光绪二十七年春
典史	朱禄魁	浙江山阴人	供事	《爵秩全览》光绪二十七年冬
典史	朱禄魁	浙江山阴人	供事	《缙绅全书》《中枢备览》光绪二十七年冬
典史	朱禄魁	浙江山阴人	供事	《爵秩全览》光绪二十八年春
典史	朱禄魁	浙江山阴人	供事	《缙绅全书》《中枢备览》《爵秩全览》光绪二十八年夏
典史	朱禄魁	浙江山阴人	供事	《爵秩全览》光绪二十八年秋
典史	朱禄魁	浙江山阴人	供事	《缙绅全书》《中枢备览》光绪二十八年冬
典史	朱禄魁	浙江山阴人	供事	《爵秩全览》《缙绅全书》《中枢备览》光绪二十九年春
典史	朱禄魁	浙江山阴人	供事	《缙绅全书》光绪二十九年夏

职官	人名	籍贯	出身	出处及在职时间
典史	朱禄魁	浙江山阴人	供事	《爵秩全览》光绪二十九年秋
典史	朱禄魁	浙江山阴人	供事	《缙绅全书》《中枢备览》光绪二十九年秋
典史	朱禄魁	浙江山阴人	供事	《缙绅全书》《中枢备览》光绪二十九年冬
典史	朱禄魁	浙江山阴人	供事	《缙绅全书》《中枢备览》光绪三十年春
典史	朱禄魁	浙江山阴人	供事	《爵秩全览》光绪三十年夏
典史	朱禄魁	浙江山阴人	供事	《缙绅全书》《中枢备览》光绪三十年夏
典史	朱禄魁	浙江山阴人	供事	《缙绅全书》光绪三十年冬
典史	朱禄魁	浙江山阴县人	供事	《缙绅全书》《中枢备览》光绪三十一年春
典史	文　炳	蒙古镶黄旗人	监生	《爵秩全览》光绪三十一年秋

职官	人名	籍贯	出身	出处及在职时间
典史	李光纯	安徽人	监生	《缙绅全书》光绪三十二年夏
典史	李光纯	安徽人	监生	《缙绅全书》光绪三十二年秋
典史	李光纯	安徽人	监生	《缙绅全书》光绪三十二年冬
典史	李光纯	安徽人	监生	《爵秩全览》光绪三十二年冬
典史	李光纯	安徽人	监生	《爵秩全览》光绪三十三年春
典史	李光纯	安徽人	监生	《爵秩全览》光绪三十三年秋
典史	李光纯	安徽人	监生	《爵秩全览》光绪三十三年秋
典史	李光纯	安徽人	监生	《爵秩全览》光绪三十四年春
典史	李光纯	安徽人	监生	《爵秩全览》光绪三十四年春

职官	人名	籍贯	出身	出处及在职时间
典史	李光纯	安徽人	监生	《爵秩全览》光绪三十四年夏
典史	李光纯	安徽人	监生	《爵秩全览》光绪三十四年夏
典史	李光纯	安徽人	监生	《爵秩全览》光绪三十四年冬
典史	李光纯	安徽人	监生	《爵秩全览》光绪三十四年冬
典史	李光纯	安徽人	监生	《爵秩全览》宣统元年夏
典史	李光纯	安徽人	监生	《爵秩全览》宣统元年夏
典史	李光纯	安徽人	监生	《爵秩全览》宣统元年冬
典史	李光纯	安徽人	监生	《爵秩全览》宣统元年冬
典史	李光纯	安徽人	监生	《缙绅全书》宣统元年冬

职官	人名	籍贯	出身	出处及在职时间
典史	李光纯	安徽人	监生	《爵秩全览》宣统二年春
典史	李光纯	安徽人	监生	《爵秩全览》宣统二年夏
典史	李光纯	安徽人	监生	《爵秩全览》宣统二年秋
典史	李光纯	安徽人	监生	《爵秩全览》宣统二年冬
典史	李光纯	安徽人	监生	《爵秩全览》宣统三年春
典史	李光纯	安徽人	监生	《爵秩全览》宣统三年夏
典史	李光纯	安徽人	监生	《爵秩全览》宣统三年秋
典史	李光纯	安徽人	监生	《职官录》宣统三年冬
典史	李光纯	安徽人	监生	《职官录》宣统四年春